WIRTSCHAFTSWISSENSCHAFTLICHE LEITFÄDEN
ZWEITER BAND

DAS GELD

VON

D. H. ROBERTSON · M. A.
DOZENT AM TRINITY COLLEGE
CAMBRIDGE

DEUTSCH HERAUSGEGEBEN VON
DR. MELCHIOR PALYI
PRIVATDOZENT AN DER HANDELSHOCHSCHULE
BERLIN

Springer-Verlag Berlin Heidelberg GmbH
1924

ISBN 978-3-662-34965-6 ISBN 978-3-662-35299-1 (eBook)
DOI 10.1007/978-3-662-35299-1

Vorwort.

Dieses Buch ist als ein selbständiges Ganzes gedacht: es ist aber zugleich der zweite Band einer Serie. Die Verbindung mit seinem Vorgänger (Hendersons Angebot und Nachfrage) ergibt sich aus dem Nachdruck, der auf die Theorie des Geldes als einen Spezialfall der allgemeinen Werttheorie gelegt ist. Sein Zusammenhang mit den folgenden Bänden ergibt sich aus dem Schlußergebnis, zu dem das Buch führt, daß nämlich das Geld trotz allem im letzten Grunde Nebensache ist, in dem Sinne nämlich, daß weder von der revolutionärsten noch von der gesündesten Währungspolitik eine Lösung der Spannungen und Disharmonien erwartet werden kann, die tief in der heutigen Verfassung der Produktion und vielleicht in der eigentlichen Natur des Menschen selbst wurzeln.

Es wird hier versucht, den Mittelkurs zu steuern zwischen der bloßen Wiederholung ewiger Platitüden und der übermäßigen Beschäftigung mit augenblicklichen und vorübergehenden Ereignissen. In einer raschlebigen Zeit ist diese Aufgabe nicht leicht. Der Grundriß des Buches wurde im Sommer 1920 niedergelegt, und obwohl Anstrengungen gemacht wurden, es auf dem Laufenden zu halten, gibt es darin doch vielleicht schon manches, und es wird zu der Zeit, da es erscheint, noch mehr geben, was man der Betonung und vielleicht auch der Richtung nach ändern sollte. Es gibt jedoch einen Punkt, über den hinaus eine Korrektur in elfter Stunde nicht mehr der Mühe wert ist; und wo es irgend Zweifel gibt, besonders im achten Kapitel, Abschnitt 1—5, dort müssen Worte wie „jetzt“ und „gegenwärtig“ als auf das Datum am Fuße dieses Vorwortes bezogen verstanden werden.

Es soll hier Darstellung geboten und in keinem Sinne Anspruch auf originelle Forschung erhoben werden. Ich habe mich dementsprechend ohne Hemmung, und zwar (mit Ausnahme einiger speziellen Punkte) ohne Hinweise im einzelnen, der Ideen und Arbeiten anderer bedient. Meine besondere Schuld möchte ich, was veröffentlichte Werke anbelangt, gegenüber den Standardschriften von Prof. Pigou, Prof. Cassel, Prof. Irving Fisher, R. G. Hawtrey und Hartley Withers zum Ausdruck bringen. Im übrigen ist es noch eine so gut wie erlaubte Übertreibung zu sagen, daß „in England die Geldtheorie in ihrer exaktesten Form Gegenstand mündlicher Übertragung geworden ist“[1]). Ich hatte das große Glück, diese Überlieferung aufgenommen zu haben, mittelbar von Dr. Marshall und direkt von Prof. Pigou und Herrn J. M. Keynes. Das Buch verdankt viele von etwaigen Vorzügen, die es besitzen mag, den Ratschlägen und der Nachprüfung des Herrn Keynes, wie auch der Beratung des Herrn Henderson und anderer Kollegen in Cambridge. Aber der Weg der wahren Lehre ist nicht immer klar abgesteckt: und für meine Fehltritte in das Feld des Irrtums muß ich selbst die volle Verantwortung tragen[2]).

Cambridge, März 1921. **D. H. Robertson.**

---

[1]) Economic Journal 1911, S. 393.

[2]) Bei der Übersetzungsarbeit habe ich nicht strenge Anlehnung an den englischen Wortlaut, sondern sinngemäße Verdeutschung angestrebt; ein strenges Festhalten am Text wie bei einem Klassiker schien angesichts des praktisch-pädagogischen Zwecks nicht angemessen. Denn wie dem englischen Original, so schwebt auch der deutschen Ausgabe das doppelte Ziel vor Augen: dem „Laien“ eine Einführung in die Probleme der Theorie und zugleich dem Studenten einen kurzen „Leitfaden“ in die Hand zu geben.

Dementsprechend ließ es sich nicht vermeiden, in der Ausdrucksweise, der Wahl der Beispiele usw. gelegentlich vom Originaltext abzuweichen und engere Anpassung an die Gewohnheiten des deutschen Lesers anzustreben, selbstverständlich ohne an dem Sinn des Originals zu ändern.

Für sehr wertvolle Unterstützung beim Lesen der Korrekturen bin ich Fräulein Else Goldschmidt (Wiesbaden) zu Dank verbunden.

Berlin, im November 1923.

Melchior Palyi.

Inhaltsverzeichnis.

Erstes Kapitel.
Licht- und Schattenseiten des Geldes.

Zweites Kapitel.
Der Wert des Geldes.

Drittes Kapitel.
Die Geldmenge.

Viertes Kapitel.

Bankgeld und Preisniveau.

Fünftes Kapitel.

Der Krieg und das Preisniveau.

Sechstes Kapitel.

Stabiler und veränderlicher Wertmaßstab.

Siebentes Kapitel.

Die Wechselkurse.

Achtes Kapitel.
Die aktuellen Fragen der Währungspolitik.

Erstes Kapitel.

Licht- und Schattenseiten des Geldes.

1. Einleitendes. Geld ist kein so grundwichtiger Gegenstand, wie es häufig angenommen wird; freilich ist es aber ein interessanter und wichtiger Gegenstand der Wirtschaftswissenschaft. Der Nationalökonom muß von Anfang an hinter den Geldschleier, in den die meisten Erscheinungen der Wirtschaft eingehüllt sind, blicken lernen, damit er sieht, was mit den realen Gütern und Dienstleistungen, was mit den realen Opfern und Bedürfnisbefriedigungen vor sich geht. Hat er dies jedoch getan, so muß er allerdings die Wirkungen untersuchen, die von den beiden Tatsachen auf Schaffung und Verteilung des realen Reichtums ausgeübt werden: daß wir uns des Geldmechanismus bedienen, und daß wir ihn so wenig zu beherrschen gelernt haben.

Das ist besonders wichtig zu einer Zeit, in der die Geldsysteme der Welt aufgehört haben, mit der gewohnten Leichtigkeit und Glattheit zu funktionieren und zum größten Teil ernstlich in Unordnung geraten sind. Nahezu jedermann ist direkt getroffen und mußte sich der heftigen Umwälzungen unmittelbar bewußt werden, die mit der Kaufkraft des Geldes gegenüber den Konsumgütern vor sich gegangen sind; die meisten sind sich auch, wenn auch weniger anschaulich, der heftigen Umwälzungen bewußt, die in der Kaufkraft des heimischen Geldes gegenüber dem Gelde anderer Länder stattgefunden haben. Diese Desorganisation des Geldapparates der Welt ist die Quelle ernstester Gefahren und Spannungen und gewissermaßen auch illusorischer Hoffnungen und Bestrebungen geworden. Sie muß folglich ernstlich durchforscht werden, wenn auch nur, um den Weg zu jenen fundamentaleren Fragen der Schaffung und Verteilung des realen Reichtums zu ebnen, mit denen sich andere Bände dieser Sammlung befassen. Ein Geldsystem ist einem inneren Organ ähnlich: wenn es richtig funktioniert, brauchen wir uns nicht viel darum zu kümmern; es erfordert jedoch viel Aufmerksamkeit, wenn es nicht funktioniert.

2. Zur Definition des Geldes. Es wird sich wohl empfehlen, baldmöglichst zu einer Verständigung darüber zu kommen, was wir unter Geld verstehen wollen. Es gibt keine rechte Übereinstimmung über diesen Punkt; aber wie bei so vielen ökonomischen Fachausdrücken kommt es nicht so sehr darauf an, welchen Sinn wir unterlegen, solange wir nur an dem gewählten Sinn festhalten oder ihn zum mindesten nicht wechseln, ohne uns dessen bewußt zu sein. In diesem Buche wird das Wort Geld so verwendet, um all das zu bezeichnen, was in weitem Ausmaß Annahme findet bei Bezahlung von Gütern oder zur Begleichung anderer Verpflichtungen wirtschaftlicher Art. Wenn Sachen, die Geld sein sollen — Papiergeld mancher Regierungen zum Beispiel —, aufhören, in weitem Ausmaß zur Begleichung von Verpflichtungen akzeptiert zu werden, so hören sie auf, als Geld zu funktionieren und (zum mindesten vom Standpunkte der Wissenschaft) Geld zu s e i n. Wenn andererseits mit Sachen, die bisher nicht als Geld angesehen wurden, wie Tabak oder Vieh oder Büchsenfleisch, in weitem Ausmaß Verpflichtungen beglichen werden können, so sind sie Geld in unserem Sinne geworden[1]).

Die Marktgängigkeit hat im allgemeinen, wenn auch nicht immer, eine andere Eigenschaft zur Folge: die auf Einheiten zu lauten, in denen der Preis aller ausgetauschten Sachgüter und Dienstleistungen berechnet zu werden pflegt. Das ist es, was die Lehrbücher meinen, wenn sie sagen, das Geld sei nicht nur T a u s c h m i t t e l (medium of exchange),

[1]) Über das Bier, in dem um die Mitte des 19. Jahrhunderts die Löhne in den Staffordshire-Kohlenbergwerken zum Teil bezahlt wurden, bemerkt ein neuerer Historiker: Dieses Umlaufsmittel war sehr populär und in hohem Maße flüssig, es wurde jedoch im Überfluß ausgegeben und eignete sich nicht zum Aufbewahren. F a y: Life and Labour in the Nineteenth Century, S. 197.

sondern auch Wertmaß (standard of value, Preismaßstab). Dieser Satz paßt jedoch in dieser Formulierung nicht ganz in die von uns gewählte Definition des Geldes. Es ist nicht erforderlich, daß alles, was als Tauschmittel benutzt wird, zugleich auch Wertmaß ist, vielmehr muß es nur auf Einheiten eines Wertmaßes lauten. Wenn z. B. die Schecks des Herrn N. N. allgemein zur Begleichung seiner Verpflichtungen angenommen werden, so sind sie mit Recht, im Sinne unserer Definition, als Geld anzusehen; und 5-£-Noten der Bank von England werden im Vereinigten Königreich ganz allgemein zur Begleichung von Verbindlichkeiten angenommen und sind ganz gewiß Geld. Niemand berechnet jedoch sein Einkommen oder führt seine Geschäfte in Einheiten von Schecks des Herrn N. N. oder auch nur in Noten der Bank von England; man berechnet in England seine Einkünfte und führt seine Geschäfte in Pfundbeträgen, auf die die Schecks des Herrn N. N. ebenso wie die Noten der Bank von England lauten.

Geld ist mithin alles, was in weitem Umfange zur Begleichung von Verpflichtungen angenommen wird. In der Regel wird jedoch eine Sache für diesen Zweck nicht in weitem Umfange angenommen werden, wenn sie nicht auf ein Vielfaches irgendeiner Einheit lautet, die im allgemeinen als Wertmaßstab oder Werteinheit der Güter angesehen wird. Dieser Begriff einer Werteinheit birgt manche Schwierigkeiten, auf die wir später zurückkommen müssen; wir müssen zunächst auch die Analyse der verschiedenen Geldarten, die es gibt, sowie der Art und Weise, wie auf ihnen Geldsysteme aufgebaut werden, für später vertagen. Einstweilen gilt das, was hier zu sagen ist, für alles, was im Sinne unserer Definition Geld ist.

3. Die Vorzüge des Geldes vom Standpunkte des Konsumenten. Unsere nächste Frage lautet: Wozu eigentlich das Geld? Wir haben uns so an den Gebrauch des Geldes gewöhnt, daß es einiger Phantasie bedarf, um uns klarzumachen, was wir ihm alles schulden. Heutzutage hat man aber in weiten Teilen der Welt die Vorzüge einer gesunden Währung entbehren müssen, und nun kommt man dahinter, wie unangenehm und sogar verheerend die Konsequenzen sein können.

Die erste große Leistung des Geldes besteht darin, daß es dem Konsumenten ermöglicht, seine Kaufkraft und seine Forderungen gegen die Gesellschaft in derjenigen Form geltend zu machen, die ihm am besten paßt. Gäbe es kein Geld, so müßte jeder für seine Leistungen in Naturalien bezahlt werden; und ob alles streng rationiert wäre oder ob es jedem frei stünde, nach Belieben zuzugreifen, jedenfalls gäbe es Verschwendung. Denn im ersten Falle wäre man gezwungen, von bestimmten Sachgütern und Dienstleistungen mehr und von anderen weniger zu beanspruchen, als man wirklich benötigt; und im zweiten Falle wäre man versucht, schlechthin seinen Neigungen zu fröhnen. Dank der Geldwirtschaft kommt die Gesellschaft dahinter, was und wieviel die Konsumenten brauchen, und sie kann somit entscheiden, was und in welchen Mengen produziert werden soll, um von ihren beschränkt vorhandenen Produktivkräften den wirtschaftlichsten Gebrauch zu machen. Vermöge ihrer ist jedes Mitglied der Gesellschaft sicher, daß die zu seiner Verfügung stehenden Konsummittel ihm die unter gegebenen Umständen größtmögliche tatsächliche Bedürfnisbefriedigung gewähren werden; sie gewährt ihm die Chance, sich weder mit Omnibusfahrten übernehmen noch sich den ausgiebigen Genuß von Charlie Chaplin vorenthalten zu müssen.

Wie weit ein jeder von diesen Möglichkeiten vollen Gebrauch macht, das hängt von seiner Fähigkeit ab, den Grad von Bedürfnisbefriedigung, den er auf dem einen oder dem anderen Wege durch die Ausgabe eines Pennys oder eines Schillings erlangen kann, richtig zu beurteilen, sowie von seiner Willenskraft, nach Maßgabe des eigenen Urteils zu handeln. Manche verstehen es, diese Möglichkeit, aus dem eigenen Einkommen möglichst viel zu machen, voll auszunutzen; andere legen sich auf die bequeme Gewohnheit traditioneller Ausgabenwirtschaft fest und betrachten die Befreiung von übermäßiger Gehirnanstrengung über Geldfragen und von der Verpflichtung zu ängstlicher Berechnung als vollen Ersatz für die entgangenen materiellen Genüsse. Bedürfnisbefriedigung zu verhindern, indem man alles in die Brüche gehen läßt, mag an sich auch eine Quelle der Bedürfnisbefriedigung bilden. Auf jeden Fall wird aber dieses Vorrecht, sein Geldeinkommen so auszugeben, d. h. sein Realeinkommen so zu wählen, wie es einem gefällt, sehr hoch geschätzt; wie hoch, das ersieht man, wenn man die Geschichte des Kampfes gegen das Trucksystem [d. h. Lohnbezahlung in Naturalien] liest oder die Gesichter eines Brautpaares beobachtet, wenn es die siebzehnte Schreibmappe geschenkt bekommt.

Freilich gibt es verschiedene Leistungen, wie die Benutzung einer Landstraße, die wir alle ohne irgendwelche besondere Bezahlung erhalten. Ferner wird in manchen Berufen wie in der Armee oder bei Dienstboten eine ausgedehntere Bezahlung in Naturalien allgemein als für alle Beteiligten vorteilhaft anerkannt; und diejenigen, die ihrer Phantasie die Zügel schießen lassen und sich Idealbilder einer kommenden Wirtschaftsordnung ausmalen, haben des öfteren für die Verteilung derjenigen Hauptprodukte, deren alle Menschen bedürfen, allerhand Rationierungssysteme ersonnen. Da aber selbst solche Idealgesellschaften wohl nicht unendlich reich sein würden, müßte der Gesamtanspruch, den jeder Einzelne gegen sie geltend machen könnte, nach wie vor begrenzt werden; und da persönlicher Geschmack und persönliche Wünsche voraussichtlich weiter verschieden sein würden, so wäre den Menschen nach wie vor, wenigstens zum Teil, ein gewisser Spielraum und einige Freiheit bezüglich der Form zu lassen, in der sie ihre Ansprüche geltend machen dürften. Mit anderen Worten: Geld irgendwelcher Art — etwa Zertifikate, die allgemeine Anweisungen auf Realeinkommen darstellen, dessen Auswahl jedem Einzelnen freistünde — müßte bestehen bleiben. Nach Geld scheint also ein fundamentales Bedürfnis zu bestehen, damit eine gegebene Größe produktiver Kraft — eine gegebene Menschenzahl samt ihrer Beziehung zur Natur — den größten Erfolg an subjektiver Bedürfnisbefriedigung erbringen kann, den sie überhaupt zu erbringen vermag.

4. Die Vorzüge des Geldes vom Standpunkte des Produzenten. Die zweite große Leistung des Geldes besteht darin, daß es dem Produzenten ermöglicht, seine Aufmerksamkeit auf den eigenen Beruf zu konzentrieren, und mithin zum allgemeinen Kreislauf der Güter und Dienstleistungen, die das Realeinkommen der Gesellschaft bilden, intensiver beitragen zu können. Historisch war der Prozeß der Umwandlung der Naturalzahlungen in Geldzahlungen sehr eng mit dem Prozeß der fortschreitenden Differenzierung in verschiedene Gewerbe und Berufe verbunden: logischerweise ist der Zusammenhang zwischen den beiden Prozessen leicht zu verstehen. Die Berufsbildung und die Spezialisierung, auf denen unsere Wirtschaftsordnung beruht, wären undenkbar, wenn jeder einen großen Teil seiner Zeit und Kraft darauf zu verwenden hätte, die eigenen Produkte gegen die von ihm benötigten Rohstoffe und Konsummittel auszutauschen.

Das gilt insbesondere für ein System großbetrieblicher, kapitalistischer Produktion wie das heute herrschende. Die Darstellung der verschiedenen Formen dieses Systems im einzelnen gehört in einen späteren Band dieser Sammlung[1]; für unseren gegenwärtigen Zweck kann es mit ausreichender Exaktheit als ein solches System beschrieben werden, in dessen Rahmen eine große Anzahl von Arbeitern unter der Leitung eines Unternehmers für Lohn arbeitet, dem die Verfügung über ihr gemeinsames Produkt zusteht und der dem einzelnen Arbeiter einen Anteil am Ertrage zuweist. Nun wäre es in der Regel vom geschäftlichen Standpunkte aus unerträglich, wenn jeder Großunternehmer — etwa ein Stahlwerkbesitzer oder der leitende Direktor einer Eisenbahngesellschaft — einen Vorrat von all den Dingen anzulegen und zu verteilen hätte, die seine Arbeiter zu brauchen pflegen. Unter Umständen freilich kann eine Einrichtung dieser Art, wie es die Erfahrung zeigt, teilweise angewendet werden, sei es als eine Quelle unerlaubten Profits für den Unternehmer (wie unter dem alten Trucksystem) oder weil sie

[1]) Robertson, D. H.: The control of industry. London und Cambridge 1922. Erscheint demnächst in deutscher Übersetzung im Verlag von Julius Springer, Berlin.

einen besonderen Anreiz für den Arbeiter bietet (wie die Butter-Extralöhne, die 1919 den deutschen Kohlenbergleuten zugestanden wurden) oder weil sie (wie bei den Dienstboten) offenbar für beide Teile vorteilhaft ist. Ganz allgemein ist es jedoch weit einfacher, und es ist in der Tat der einzig gangbare Weg für den Unternehmer, den Arbeitern Geldlöhne zu zahlen, die diese in der zuversichtlichen Erwartung annehmen, dafür andere Dinge, die sie brauchen, erlangen zu können. Mithin ist das Vorhandensein des Geldes eine notwendige Vorbedingung für jede Entwicklung großen Stils in der Arbeitsteilung nicht nur zwischen den Angehörigen verschiedener Gewerbe, sondern auch zwischen denen, die das Schöpferische und die Initiative und die Leitung besorgen, und denen, die das Tagewerk der Welt verrichten. Ob das Geld darauf stolz sein kann oder nicht, ist freilich eine andere Frage; hier kommt es lediglich darauf an, daß, soweit das kapitalistische Produktionssystem ein unerläßliches Instrument des materiellen Fortschritts war, war es das Geld auch.

Die dritte große Leistung des Geldes ist eng mit der zweiten verbunden. Sie besteht darin, daß das Geld das Schuldenmachen und das Vorausbezahlen aller Art ungeheuer erleichtert. Lohnzahlungen, von denen eben die Rede war, sind im Grunde eine Art solcher Vorauszahlung. Der Unternehmer kann über das Produkt nicht endgültig disponieren, bevor es ganz fertig ist; die in den ersten Stadien beschäftigten Arbeiter müssen jedoch leben können, und das Geld ermöglicht Einrichtungen, die dafür getroffen werden. Auch das Gewähren von Vorschüssen von seiten der einen Unternehmer an die anderen wird durch das Geld sehr erleichtert; ebenso das Investieren oder Ausleihen der Ersparnisse des großen Publikums. Sparen und Herleihen von Ersparnissen von einer Person an die andere bedeuten letzten Endes das Ersparen und Ausleihen realer Güter, und die kann es auch ohne Geld geben; aber jedenfalls wäre es, solange sie von Einzelpersonen besorgt werden, höchst lästig und schwierig, sie in großem Maßstabe ohne Zuhilfenahme des Geldes zu bewerkstelligen. Auch aus diesem Grunde erscheint also das Geld als wesentliche Voraussetzung unseres modernen Produktionssystems, das in so weitem Umfange auf der Bereitwilligkeit der Einzelnen beruht, Verfügung über Güter auf einander zu übertragen: in der Erwartung der späteren Rückerstattung, sei es durch den Gegenkontrahenten oder irgendeinen Dritten.

5. Die Gefahren des Kreditverkehrs. Die dritte große Leistung der Geldwirtschaft ist aber zugleich eine ihrer gefährlichen Schattenseiten. Denn sie macht es so furchtbar leicht — oder läßt es so leicht erscheinen —, Dinge, die in Wirklichkeit noch gar nicht existieren oder vielleicht auch niemals existieren werden, auszuborgen und herzuleihen. Wie das geschieht, das werden wir klarer sehen, wenn wir zur eingehenden Analyse der Struktur moderner Währungssysteme kommen; es empfiehlt sich jedoch, an dieser Stelle für das, was gemeint ist, vorweg ein oder zwei Beispiele zu geben. Am Anfang des Krieges wollte jede Regierung für die Weiterführung des Krieges (letzten Endes von Privatpersonen) allerhand Güter borgen — Massen von Stahl und Kleidungsstücken, Futter und ähnliches mehr. In Wirklichkeit jedoch konnte sie nichts anderes als Geld borgen, weil dies das einzige war, was man herzuleihen pflegte; sie erwartete nun mit einer rührenden Zuversicht, die auf langjähriger Erfahrung mit glatt funktionierendem Währungssystem beruhte, mit Hilfe dieses Geldes alles Gewünschte erlangen zu können. Bald fand sie aber, daß das nicht ging, und daß sie besondere und komplizierte Maßnahmen ergreifen mußte, um die gewünschten Sachen zu erhalten, und daß sie in manchen Fällen sogar gezwungen war, selbst an die Produktion derselben zu gehen.

Das zweite Beispiel ist der Produktion entnommen. Wenn es eine Hausse (boom) in den Produktionsmittelindustrien (constructional trades) — Stahl, Schiffbau, Maschinenbau und den anderen — gibt, so konkurrieren die Unternehmer in diesen Industrien um die Dienste der Arbeiter, indem sie ihnen reichliche Geldlöhne bieten. Diese Löhne haben im Grunde den Charakter von Vorschüssen, und sie haben die Mutmaßungen der Unternehmer über den

Wert, der jenen noch im Produktionsprozeß befindlichen Bauten, Schiffen usw. voraussichtlich beigemessen wird, zur Voraussetzung. Die Arbeiter hingegen brauchen diese Geldvorschüsse, um dafür die Güter des täglichen Bedarfs und der herkömmlichen Lebenshaltung zu erlangen; nun gibt es aber in der Geldwirtschaft keinerlei Gewähr dafür, daß diese Güter so rasch auf den Markt kommen, wie die Auszahlung der Geldlöhne erfolgt, woraus sich ein Zustand ergeben kann, in dem die Industrien rege sind und die Löhne hoch, die lebensnotwendigen Güter dagegen selten; dann gibt es Unfrieden und Unruhe: und das ist es im wesentlichen, was [in Ländern mit relativ stabiler Währung] in den ersten zwei Jahren seit dem Waffenstillstand geschehen ist. Wenn jeder Geschäftsmann selber sorgen müßte für die Verpflegung und Kleidung und Vergnügung seiner Angestellten, bevor er eine Unternehmung beginnt, wie er es zu tun hätte, wenn er etwa Eisenbahnen über die Andes, Hunderte von Meilen von der Zivilisation entfernt, zu bauen hätte, so kämen solche Reibungen nicht vor. Freilich wäre dann aber der industrielle Fortschritt sehr verlangsamt und erschwert. Tatsache ist, daß durch die Leichtigkeit, mit der Vorschüsse aller Art in Geld gemacht werden können, die Räder des materiellen Fortschritts geölt werden: das Ergebnis aber ist, daß man dazu verleitet wird, die Geldstücke (die nichts als Bescheinigungen darüber sind, daß man die Möglichkeit hat, Güter zu beziehen, die vielleicht noch nicht einmal existieren) mit den Gütern selbst zu verwechseln und sich selbst dadurch allerhand Mißgeschick und Enttäuschung auszusetzen. Adam Smith hat einst das Geld mit einer Landstraße verglichen, auf der alle Produkte eines Gebietes zu Markte gebracht werden, die aber selbst nicht ein Körnchen produziert. Niemand wird so verrückt sein, eine Landstraße verzehren zu wollen. Trotzdem ist man immer wieder von neuem durch die Entdeckung überrascht, daß man das Geld nicht essen kann, wie es den Türken nachgesagt wird, daß sie sich jedes Jahr von neuem durch den Winter überraschen lassen. Man ist so erfreut über die eigene geistreiche Erfindung, daß man von ihr stets zuviel erwartet.

6. Die nachteiligen Folgen der Geldwertschwankungen auf die Güterverteilung. Die zweite große Schattenseite des Geldes hat heutzutage jeder am eigenen Leibe erfahren, daß sich nämlich sein Wert ändert. Wir werden gleich näher zu erklären haben, was wir mit der Redensart vom Werte des Geldes meinen. Zunächst wollen wir ihn einfach als die Kraft des Geldes definieren, Güter, die man braucht, kaufen zu können. Nun ist uns allen, vom Großgrundbesitzer bis zum Arbeiter, das Leben dadurch ermöglicht, daß andere Leute unsere Dienste brauchen, wenn wir das Wort Dienst in dem weiten Sinne nehmen, der auch die Verwendung unseres Besitzes mit einschließt. Wenn nun die Kraft des Geldes anderer Leute zum Ankauf unserer Dienste sich stets in genau demselben Maße ändern würde wie die Kraft unseres Geldes zum Ankauf der Dienste anderer Leute, so gäbe es keinen Grund, weshalb diese Änderungen in der Kaufkraft des Geldes irgend jemandem von uns nahegehen sollten. In Wirklichkeit gehen aber die Dinge nicht in dieser Weise vonstatten. Manche Leute verkaufen ihre Dienste zu Bedingungen, die durch rechtlichen Vertrag oder durch die Macht der Gewohnheit für längere Zeit im voraus in Geld festgesetzt sind. Andere Leute sind ohne weiteres in der Lage oder auch gezwungen, Änderungen in den Preisen der von ihnen verkauften Dienste vorzunehmen. Die erste Gruppe von Personen wird offenbar begünstigt durch ein Steigen und benachteiligt durch ein Fallen des Geldwertes, denn in dem einen Falle bekommt sie eine größere und im zweiten Falle eine kleinere Verfügungsmacht über die von ihr benötigten Güter, als sie zu erwarten hatte. Die zweite Gruppe von Personen gewinnt beim Fallen und verliert beim Steigen des Geldwertes: denn sie macht für die Zwecke weiterer Produktion oder der eigenen Bedürfnisbefriedigung von den Diensten derjenigen Leute Gebrauch, deren Geldeinkünfte festgelegt sind, während ihre eigenen Geldeinkünfte sich ändern können. Jede noch so geringe Schwankung des Geldwertes führt folglich, solange sie nicht genau vorausberechnet ist, zu einer gewissen Neuverteilung des Realeinkommens der Volkswirtschaft zwischen diesen beiden Personenkategorien.

Noch vor wenigen Jahren konnte man die Klassen, aus denen sich jede von diesen beiden Kategorien zusammensetzt, ziemlich genau aufzählen. Im großen und ganzen umfaßte die erste: 1. Lohnbezieher, 2. Festbesoldete (professional people) wie Beamte der Regierung und Schullehrer und 3. diejenigen, die an Regierungen oder an Unternehmungen Anleihen in Geld zu einem festen Zinssatze gewährt haben. Die zweite Kategorie umfaßte die Unternehmerkreise (business classes), d. h. diejenigen, die ein Einkommen aus der Gründung, Leitung und Beherrschung der Güterproduktion und des Güterverkaufs beziehen: denn ihre Geldausgaben für das Dingen von Arbeit und Kapital sind relativ die gleichen geblieben, während ihre Geldeinkünfte mit den Preisen der verkauften Güter schwankten. Dieses allgemeine Bild ist auch heute noch teilweise richtig, die Sachlage ist jedoch durch die gestiegene Macht gewisser Arbeiterkategorien und durch gelegentliche Eingriffe des Staates beträchtlich komplizierter geworden. Der heftige Sturz des Geldwertes zwischen 1914 und 1920 hat zu einer gewaltigen und häufig willkürlichen Neuverteilung des Einkommens nicht nur zwischen verschiedenen sozialen Klassen und Produktionszweigen, sondern auch zwischen Angehörigen verschiedener Berufe innerhalb derselben Klasse geführt. Der Leser wird wohl selbst ohne weiteres erkennen, welcher Kategorie er angehört. Besitzt er festverzinsliche Papiere oder ist er Volksschullehrer oder ein bestimmter Typus gelernter Handwerker, so wird er wahrscheinlich sagen, er sei durch die Geldentwertung getroffen worden; ist er dagegen Lastträger oder Großunternehmer, so wird er, wenn auch nicht der Welt, so doch sich selbst wahrscheinlich gestehen, daß die Dinge [verhältnismäßig] gar nicht so schlecht gelaufen sind.

7. Nachteilige Folgen der Geldwertschwankungen auf die Güterproduktion. Dies ist jedoch nicht alles. Wären die Wirkungen der Geldwertschwankungen auf die Verteilung beschränkt, so brauchten sie nicht so grundlegende Bedeutung zu haben: denn obgleich die Folgen nicht gerade der sozialen Gerechtigkeit entsprächen, brauchten sie den wirtschaftlichen Gesamtwohlstand der Gesellschaft nicht notwendig zu vermindern und könnten ihn sogar wesentlich steigern. Der Verlust einiger wäre der Gewinn anderer: und diese anderen könnten im ganzen diejenigen sein, die es nötiger hätten und es sogar eher verdienten. In Wirklichkeit wird jedoch durch jede heftige oder lang andauernde Geldentwertung nicht nur die Verteilung, sondern auch die Produktion der realen Güter in Mitleidenschaft gezogen: denn sie droht die Grundlagen, auf denen unser Wirtschaftssystem aufgebaut ist, Vertrag und kaufmännische Berechnung, zu untergraben. Dieses System beruht im wesentlichen auf der Institution des Vertrages, auf der Tatsache also, daß man freiwillig bindende Abkommen miteinander trifft, um gegen ein Entgelt, das beim Vertragsabschluß in Geldsummen festgesetzt wird, bestimmte Handlungen zu einem bestimmten späteren Zeitpunkte zu vollbringen. Ein starker oder lang andauernder Wechsel des Geldwertes untergräbt nun das Vertrauen, auf Grund dessen man bereit ist, Abkommen solcher Art zu treffen. Nichts war bezeichnender für das Geschäftsgebaren in der Nachkriegszeit als die massenhaften Versuche, in gewissen Produktionszweigen und Ländern Verträge zu brechen, die Lieferung von Gütern, die bei niedrigeren Preisen bestellt waren, zu verweigern, oder die Annahme von Lieferungen, die zu höheren Preisen bestellt waren, abzulehnen. Es ist freilich denkbar, daß Verträge in etwas anderem als Geld abgeschlossen werden; es ist sogar denkbar, so behaupten es wenigstens manche, daß die Gesellschaft dahin kommt, sich für diese Aufgabe irgendeiner anderen Methode statt der des freien Vertrages zu bedienen, etwa der Befehle eines Wirtschaftsdiktators oder der freiwilligen Hilfsbereitschaft. Aber solange es mit der vertraglichen Methode, wie wir sie kennen, sein Bewenden hat, so lange sind Schwankungen des Geldwertes eine Quelle drohenden Unheils.

Niemand von uns kann jedoch sein ganzes arbeitstätiges Leben in den Rahmen festumrissener und formaler Verträge einspannen: darüber hinaus ruht unser Dasein auf Berechnung, Erwartung und Hoffnung. Und diese sind nun auch sowohl durch die Schwankungen des Geldwertes als auch durch die notgedrungen unsystematischen und unzulänglichen Versuche bedroht, die von der Gesellschaft unternommen werden, um jene üblen Folgen auf ein Minimum zu beschränken. Denn selbst wenn die Gesellschaft die Verträge auf das gewissenhafteste achtet, kann sie es sich nicht immer leisten, weniger festbestimmte Erwartungen ebenso peinlich zu achten. Es war z. B. unvermeidlich, wenn auch alles eher denn erfreulich, daß in Großbritannien [und ähnlich anderwärts] während des Krieges diejenigen Kapitalisten, denen die Aufgabe oblag, die unbestreitbar wichtigsten Dienste zu leisten — nämlich die Beschaffung von Kohle, von Bahntransporten und Wohnräumen —, der handgreiflichsten Aufmerksamkeit seitens des Staates und der Gewerkschaften ausgesetzt waren. Die heutige Sachlage ist in der Tat reichlich paradox. Je offenkundiger die Wichtigkeit und je größer die Bedeutung der Industrie, in der der Arbeiter beschäftigt ist, um so mehr Zorn lädt er auf sich, wenn er streikt, um seine Stellung zu verbessern, als ob er dann von der Gesellschaft ein Lösegeld erpressen würde; ebenso hier: je nützlicher und bedeutender der Produktionszweig, in dem jemand seine Ersparnisse investiert oder für die er sein Gehirn angestrengt oder die Risikolast auf sich genommen hat, mit um so größerem Eifer wird der Staat dafür sorgen, daß sich die Unsicherheit des Geldwertes zu seinem Schaden auswirkt. Noblesse oblige: Es ist dann aber weiter nicht erstaunlich, wenn die in solche Zwangslage versetzten verdrießlich werden und nicht mehr mitmachen wollen. So nagen Währungskrankheiten und improvisierte Heilmittel gleicherweise an den Wurzeln jener vielfach verschleierten, aber recht rationellen Zukunftsarbeit, von der der Baum der Produktion wohl noch immer seine Nahrung zieht.

Es sind aber nicht nur Veränderungen in der Kaufkraft des Geldes gegenüber Waren und Dienstleistungen, die jede Berechnung und planmäßige Arbeit, über den Haufen werfen. Der Durchschnittsbürger pflegt sich in der Regel, wenn er nicht gerade an der Grenze wohnt, an den Veränderungen der Kaufkraft seines Geldes gegenüber dem Gelde anderer Länder nicht als direkt interessiert zu betrachten; sie berühren ihn trotzdem, sofern seine wirtschaftliche Wohlfahrt vom Außenhandel abhängt. Denn diese Schwankungen der sogenannten Wechselkurse laufen darauf hinaus, an Stelle vernünftiger Errechnung des Bedarfs und der Bezugsquellen eine wüste Spekulation in fremden Geldarten zur Grundlage des Außenhandels zu machen. In gewissem Grade hat sich freilich die Geschäftswelt diesen unsicheren Verhältnissen bereits angepaßt. Es hat sich nach und nach ermöglichen lassen, daß diejenigen, die nur mit Waren handeln wollen, sich gegen die schlechten Streiche der Wechselkurse schützen, indem sie das Risiko der Geldschwankungen auf spezialisierte Devisenhändler abwälzen. Soweit jedoch diese Einrichtung noch nicht genügend bekannt ist oder benutzt wird, geht der Außenhandel noch immer unsichere Wege. Denn wohin sollen wir exportieren? Nicht dorthin, wo unsere Waren am ehesten benötigt werden, sondern dorthin, wo man uns mit einem Gelde bezahlen wird, welches wir gegen unser eigenes Geld teuer verkaufen zu können hoffen. Woher sollen wir importieren? Nicht von dort, wo es die Dinge gibt, die wir brauchen, sondern von denjenigen, die bereit sind, Zahlungen in einem Gelde anzunehmen, welches wir hoffen mit unserem eigenen Gelde billig kaufen zu können. Lohnt es sich überhaupt noch, Waren ein- oder auszuführen, wenn man sieht, daß die ganzen Gewinne aus dem legitimen und nützlichen Güteraustausch durch eine Wendung der Wechselkurse weggefegt werden können?

So wird das Geld, das eine Quelle so vieler Segnungen für das Menschengeschlecht ist, zu einer Quelle gefahrvoller Verwirrung, wenn wir es nicht beherrschen können.

Zweites Kapitel.

Der Wert des Geldes.

I. Was mit Geldwert gemeint ist.

1. Das Wesen des Geldwertes. Im vorigen Kapitel haben wir den Geldwert für unseren unmittelbaren Zweck — die

Darstellung der Gefahren, die dem Wirtschaftsleben aus der Veränderlichkeit dieses Wertes drohen — mit ausreichender Genauigkeit definiert. In logischer Hinsicht haben wir uns aber dabei auf einem etwas schwankenden Boden bewegt: und es ist nunmehr an der Zeit, genauer festzustellen, was wir unter Geldwert verstehen und wodurch er bestimmt wird.

Unter Geldwert verstehen wir etwas ganz Ähnliches wie unter dem Werte irgendeiner anderen Sache, etwa des Brotes oder des Kleides, nämlich ganz allgemein die Menge der Güter, die gegen eine Geldeinheit in Tausch gegeben wird. Schwierigkeit erwächst nur aus dem Umstande, daß wir der Einfachheit halber gewohnt sind, den Wert des Brotes oder des Kleides in Geldeinheiten auszudrücken, während wir den Wert des Geldes offenbar nicht in seinen eigenen Einheiten ausdrücken können. Es gibt folglich keine Möglichkeit, den Wert einer Geldeinheit exakt auszudrücken, es sei denn, daß wir die verschiedenen Güter aufzählen, eines nach dem anderen, die es kaufen würde: was offenbar über alle Maßen langwierig wäre. Es gibt jedoch, wie wir gleich sehen werden, Mittel und Wege — mögen sie auch nicht ganz befriedigend sein —, Unterschiede im Werte der Geldeinheit zu verschiedenen Zeiten und an verschiedenen Orten zum Ausdruck zu bringen: das ist es auch, worauf es uns praktisch ankommt. Jedenfalls handelt es sich um eine Schwierigkeit des Ausdrucks; sie bedeutet keineswegs, daß wir, wenn wir vom Werte des Geldes sprechen, das Wort Wert in irgendeinem anderen Sinne gebrauchen, als wenn wir vom Werte des Brotes oder des Kleides sprechen. Wollen wir das Wort in einem anderen Sinne gebrauchen — um darunter z. B. die Arbeitsmenge oder die Menge Goldes zu verstehen, die für die Geldeinheit in Austausch gegeben wird —, so muß das bei jeder Gelegenheit explizite gesagt werden.

2. Veränderungen des Geldwertes. Das Messen der Veränderungen im Werte des Geldes ist eine Angelegenheit von großem, praktischem Interesse geworden. Vielfach pflegt man sich über den Umfang dieser Veränderungen seit dem Kriege Urteile zu erlauben, Urteile der Art wie in den vorwurfs- und nebelvollen Sätzen: ein Pfund sei nur noch acht Schillinge wert, oder: eine Mark bedeute nur noch so viel wie früher ein n-tel Pfennig. Und viele Leute, insbesondere Beamte und Eisenbahner, sehen ihr Geldeinkommen nach Maßgabe irgendwelcher amtlichen Schätzungen der Geldwertänderungen schwanken. Leider ist die Sache obendrein mit theoretischen Schwierigkeiten behaftet. Diese sind ein wahres Paradies und ein Tummelplatz für die Mathematiker, die darauf unsagbar viel Scharfsinn verwandt haben. Ein ausgezeichneter mathematischer Nationalökonom ging sogar so weit, eine Art vergleichender Untersuchung über 44 algebraische Formeln von zunehmender Kompliziertheit anzustellen, die verschiedene Methoden der Messung der Geldwertschwankungen darstellen und die er mit Indizes (Merkzeichen) versah, je nachdem sie bestimmte Vorzüge besitzen; manche von ihnen zeigen dabei in der Tat ein sehr klägliches Bild. Nichtsdestoweniger sind die Schwierigkeiten des Gegenstandes zum Teil sehr lehrreich und implizite auch in der Kritik enthalten, die der gewöhnliche Sterbliche an kursierenden Schätzungen zu üben vermag, und es lohnt sich folglich, ihnen einige Aufmerksamkeit zu schenken.

Das Problem ist nämlich: aus den Angaben über Schwankungen der Preise einzelner Güter eine sogenannte Indexzahl (Richtzahl) der Güterpreise (index number of general prices) aufzubauen, die auf den ersten Blick die Geldwertänderung anzeigen soll. Ein Steigen dieser Indexzahl wird ein entsprechendes Fallen des Geldwertes anzeigen, wird also angeben, daß für eine gegebene Geldeinheit im allgemeinen eine geringere Gütermasse im Austausch erhältlich ist, während ein Fallen der Indexzahl ein entsprechendes Steigen des Geldwertes anzeigt.

Die praktischen Hindernisse in der Konstruktion solcher Indexzahlen können wir ohne weiteres beseite lassen, denn sie sind leicht verständlich. Es ist nicht immer leicht, genaue Angaben über die Preise zu bekommen, ausgenommen für gewisse Stapelwaren des Großhandels, obwohl es jetzt viel eher möglich ist, als es sonst der Fall zu sein pflegte. Ferner geht man nicht leicht sicher, ob die Güter, deren Preise wir vergleichen, die gleiche Bedeutung haben: eine Omnibusfahrt, während der man sitzt, ist nicht dasselbe wie eine Omnibusfahrt, während der man dauernd aufstehen muß, um seinen Platz herzugeben. Es empfiehlt sich aber, die Aufmerksamkeit auf die Schwierigkeiten grundlegender Art zu lenken, die der Konstruktion von Indexzahlen des allgemeinen Preisniveaus anhaften.

Erstens also müssen wir uns vor der Aufstellung einer solchen Indexzahl darüber im klaren sein, zu welchem Zwecke sie dienen soll. Soll sie die Veränderungen des Geldwertes in weitestem Sinne anzeigen, so muß sie alle die Güter mit erfassen, die Gegenstände des wirtschaftlichen Tausches sind, einschließlich des Bodens, der Häuser, der Wertpapiere usw. Wenn wir dagegen die Unterhaltskosten bei durchschnittlicher Lebenshaltung angeben wollen, so müssen wir diese Dinge beiseite lassen und nur solche Güter und Leistungen einschließen, die für den üblichen Konsum in Betracht kommen. Selbst dann müssen wir uns wiederum darüber klar sein, wessen Lebenshaltungskosten es sind, deren Veränderungen wir messen wollen. Wir dürfen z. B. Angaben über Veränderungen der Lebenshaltungskosten der Arbeiter nicht unüberlegt dazu verwenden, um Veränderungen der Kosten des Lebensunterhaltes in einem vornehmen englischen college zu messen. Und jedenfalls können solche Richtzahlen nicht für Personen mit wesentlich verschiedener Geschmacksrichtung gelten, selbst wenn sie im gleichen sozialen Milieu leben. Der Geldwert kann sich vom Standpunkte des Trinkers und von dem des Antialkoholikers in völlig verschiedenem Maße geändert haben. Am besten läßt sich unsere Indexzahl auf eine abstrakte Person anwenden; alles was wir tun können ist, diese so typisch als möglich zu gestalten.

3. Die Schwierigkeiten des Messens. Zweitens, wenn wir uns entschieden haben, welche Güter einzuschließen sind, so taucht die Frage auf, wie wir die Preisbewegung verschiedener Güter kombinieren sollen, um am Ende unsere Indexzahl zu bekommen. Das Nächstliegende wäre, den

Durchschnitt aus mehreren prozentualen Preisänderungen zu nehmen und diesen als die prozentuale Veränderung des allgemeinen Preisniveaus anzusehen. Ein einfaches Beispiel wird uns jedoch zeigen, daß dieser Weg eine Falle birgt[1]). Nehmen wir an, um die Sache zu vereinfachen, daß zwei Artikel — sagen wir Brot und Bier — ausreichen würden, um uns eine gute Indexzahl zu liefern, und daß wir — wohlgemerkt, das Beispiel ist frei erfunden — die Verhältnisse des Jahres 1900 und des Jahres 1910 vergleichen. Angenommen, während dieser Zeit hätte sich der Brotpreis verdoppelt und der Bierpreis wäre auf die Hälfte gesunken. Wenn wir dann den Preis eines jeden für 1900 gleich 100 setzen, dann war der Preis des Brotes 1910 = 200 und der Bierpreis 1910 = 50. Die Summe beider Preise erscheint als von 200 auf 250 und der Durchschnittspreis — unsere Indexzahl des allgemeinen Preisniveaus — von 100 auf 125 gestiegen. Setzen wir jetzt aber beide Preise für 1910 = 100, so erscheint 1900 der Brotpreis = 50 und der Bierpreis = 200, so daß es den Anschein hat, daß die Summe dieser Preise zwischen 1900 und 1910 von 250 auf 200 und der Durchschnitt von 125 auf 100 gefallen ist. Wir erhalten, mit anderen Worten, ein Fallen um $^1/_5$ an Stelle eines Steigens um $^1/_4$ unserer Indexzahl des allgemeinen Preisniveaus. Wir erzielen also völlig verschiedene Ergebnisse je nach dem Jahr, das wir als Ausgangspunkt unserer Berechnung (was die Fachleute die Basis zu nennen pflegen) wählen: und offenbar ist vom Standpunkte des Historikers aus kein Jahr heiliger als das andere.

Der besseren Übersicht halber wollen wir dieses Ergebnis in der folgenden Tabelle zusammenstellen:

	I.		II.	
	(1900)	(1910)	(1900)	(1910)
Brot	100	200	50	100
Bier	100	50	200	100
Zusammen	200	250	250	200
Durchschnitt	100	125	125	100
	+ 25%		− 20%	

[1]) Für die ganze folgende Darstellung vgl. Pigou: Wealth and Welfare, London 1920, Teil I, 3. Kap.

Nun behaupten manche Statistiker, daß, wenn wir in unsere Indexzahl eine genügende Anzahl von Waren aufnehmen, uns dann die Möglichkeit eines solchen absurden Ergebnisses nicht weiter zu beunruhigen brauche: denn die durchschnittliche Bewegung der Preise einer großen Anzahl von Waren wird genau die Richtung der Bewegung des allgemeinen Preisniveaus angeben und sogar deren Größe mit derjenigen Exaktheit anzeigen, die wir für praktische Zwecke brauchen. Auf dieser Annahme beruht auch die bekannteste Indexzahl, diejenige von Sauerbeck (fortgeführt in der englischen Zeitschrift „Statist"), die bis 1846 zurückgeht, als Basis den Durchschnitt der Jahre 1867—1877 nimmt und 37 Waren umfaßt. Und wenn uns das nicht genügt, so können wir jede besonders wichtige Ware mit besonderem Gewicht versehen, entweder indem wir zwei oder drei Abarten davon aufnehmen (wie es z. B. Sauerbeck mit Weizen tut) oder indem wir die den Preis dieser Ware darstellenden Zahlen mit irgendeinem Faktor, der ihre relative Bedeutung zum Ausdruck bringen soll, multiplizieren, bevor wir sie in die Endsummen aufaddieren, aus denen wir unsere Durchschnitte errechnen.

Andere Sachverständige sind dagegen der Meinung — und sie können dafür treffende Beispiele ins Feld führen —, daß diese Auffassung zu optimistisch sei, und daß uns eine solche Indexzahl ernstlich irreführen kann, besonders wenn sich während der Zeit zwischen den zwei Vergleichsjahren die Preise und sonstigen Verhältnisse sehr geändert haben. Es ist folglich wichtig, dem obigen absurden Ergebnis auf den Grund zu gehen und zu sehen, ob es sich nicht korrigieren läßt.

Eine kurze Überlegung zeigt, daß die Verschiedenheit der Resultate je nach dem Jahr, das wir zur Basis nahmen, daran lag, daß in den zwei Fällen im Grunde verschiedene Dinge miteinander verglichen wurden. Im ersten Falle folgten wir den Schicksalen einer Kombination, bestehend aus der Menge Brot, die für 100 Geldeinheiten im Jahre 1900 erhältlich war, plus der Menge Bier, die man 1900 für 100 Geldeinheiten bekam. Im zweiten Falle folgten wir den

Schicksalen einer Kombination, bestehend aus der Menge Brot, die im Jahre 1910 für 100 Geldeinheiten erhältlich war, plus der Menge Bier, die man im gleichen Jahr für 100 Geldeinheiten bekam.

Wir wollen noch eine Annahme machen, um ein genaues Beispiel zu bekommen. Angenommen, daß 1900 ein Laib Brot und ein Maß Bier je 6 d gekostet haben, beide zusammen also 1 sh. Dann hätte 1910 ein Laib Brot 1 sh und ein Maß Bier 3 d gekostet und beide zusammen 1 sh 3 d, d. h. der Preis dieser Kombination — ein Laib und ein Maß — wäre um 25% gestiegen. Nun wollen wir aber den Schicksalen derjenigen Kombination folgen, die nicht 1900, sondern 1910 erhältlich gewesen wäre, wenn man für jede der beiden Waren je 6 d ausgegeben hätte; diese Kombination ist offenbar $^1/_2$ Laib Brot und 2 Maß Bier. Im Jahre 1900 kostete diese Zusammenstellung 1 sh 3 d, während sie 1910 nur 1 sh kostete, d. h. der Preis dieser besonderen Kombination fiel während der Periode um 20%. Beide Maßstäbe der allgemeinen Preisänderung sind also richtig, aber jede von beiden ist nur richtig für eine besondere Kombination der betreffenden Waren. Die Kombination des ersten Beispiels war diejenige, die gegen Hergabe der gleichen Summe — sei es eines Pennys oder eines Pfundes, das macht keinen Unterschied — für jeden der beiden Artikel im e r s t e n der beiden verglichenen Jahre erhältlich war. Die Kombination des zweiten Beispiels ist diejenige, die durch Hergabe einer gleichen Summe für jede der beiden Waren im a n d e r e n Jahre erhältlich war. Offenbar sind beide Kombinationen völlig willkürlich.

4. Vorläufige Lösung. Es fragt sich also, ob wir eine Kombination finden können, die nicht willkürlich ist. Am nächstliegenden wäre es, diejenige Kombination zu nehmen, die in dem als Basis gewählten Jahre tatsächlich den Gegenstand des Austausches bildet. Wenn wir z. B. eine Indexzahl konstruieren, um die Veränderungen in den Lebenshaltungskosten der Arbeiterschaft zu beleuchten, so könnten wir die Geschicke einer Kombination verfolgen, die so viel von jeder der fraglichen Waren enthielte, wie in unserem Basisjahr von einer normalen Arbeiterfamilie tatsächlich verbraucht wurde. Dies — oder etwas Ähnliches — ist tatsächlich durch die Indexzahl geschehen, der zur Zeit in England am meisten Aufmerksamkeit geschenkt wird, den sogenannten Lebenshaltungsindex des Arbeitsministeriums (wir werden gleich sehen, daß die populäre Benennung als Index nicht ganz zutreffend ist), der dort die Grundlage für die gleitende Skala der Eisenbahnerlöhne gebildet hat. Wenn gesagt wird, diese Indexzahl sei seit Juli 1914 um 150% gestiegen, so ist gemeint, daß eine Arbeiterfamilie durchschnittlich heute 150% mehr als im Juli 1914 für die Zusammenstellung von Waren ausgeben müßte, von der angenommen wird, daß sie sie im Juli 1914 zu konsumieren pflegte.

Haben wir nun einen brauchbaren Maßstab für die Veränderungen des allgemeinen Preisniveaus gefunden? Leider ist die Antwort wiederum: nein. Der Maßstab mag annähernd befriedigend sein, solange es zwischen den zwei verglichenen Zeitpunkten keine starken Veränderungen gab; sonst aber nicht. Denn die Leute werden wahrscheinlich ihren Konsum an denjenigen Gütern, deren Preise am meisten gefallen oder am wenigsten gestiegen sind, erhöht und ihren Konsum an den Gütern, die am wenigsten gefallen oder am meisten gestiegen sind, vermindert haben. Und es kann außer den Veränderungen im Verhältnis der Preise zueinander auch noch andere Gründe geben — wie es solche in der Kriegszeit auch gab — für die Änderung der Konsumgewohnheiten. Es kann sogar vorkommen, daß alte Waren vom Markte überhaupt verschwunden und neue aufgetreten sind. Eine Generation, die die Butter nicht kennt, mag an die Stelle einer anderen getreten sein, die keine Margarine kannte. Unter solchen Umständen hat es nur noch rein archäologisches Interesse zu wissen, was mit dem Preise der im Basisjahr verbrauchten Kombination geschehen ist: denn die in späteren Jahren verbrauchsübliche Kombination ist ja eine völlig andere. Aus diesem Grunde ist es unexakt, von der eben erwähnten Veröffentlichung des englischen Arbeitsministeriums als von einem Lebenshaltungsindex zu sprechen, und aus demselben Grunde wird häufig unklar empfunden, daß etwas daran nicht stimmt. Jene Zahlen besagen nicht, daß es (z. B.) für eine Arbeiterfamilie im Juni 1920 tatsächlich 150% mehr gekostet hat, Nahrung, Kleidung usw. zu kaufen, als im Juli 1914, sondern daß es sie im Juni 1920 150% mehr gekostet haben würde, sich genau die Zusammenstellung der im Juli 1914 üblicherweise gekauften Waren zu verschaffen, eine Zusammenstellung, die sie im Juni 1920, selbst wenn sie es wollte (was z. B. Zucker anbelangt), nicht hätte beschaffen können. Gerade heutzutage neigt man dazu, in wirtschaftlichen Fragen dem Jahre 1914 eine besondere Heiligkeit zuzuschreiben; allerhand Leute, die damals sehr unzufrieden waren, sind jetzt geneigt, darauf zurückzuschauen, als wäre es in irgendeinem Sinne ein für alle Zeiten normales oder Musterjahr (standard year) gewesen: und solange dieses Gefühl verbreitet ist, spricht manches dafür, die Preisveränderungen der anno 1914 konsumierten Warenkombination aufmerksam zu verfolgen. Mit der Zeit wird aber diese Vorstellung obsolet werden: es mag z. B. um 1950 herum praktisch ebensowenig von Interesse sein, den Preis der im Jahre 1914 von einer Arbeiterfamilie verbrauchten Warenkombination zu kennen, als den Preis auszurechnen, den die in China übliche Verbrauchskombination hierzulande kosten würde.

Ein roher Versuch, die Schwierigkeit zu meistern, bestünde darin, die prozentuale Preisänderung der im ersten Zeitpunkt verbrauchten Kombination und die prozentuale Preisänderung der zum zweiten Zeitpunkte verbrauchten Kombination zu nehmen und aus beiden den Durchschnitt zu ziehen: dieser Durchschnitt wäre dann als Maß der Veränderung des allgemeinen Preisniveaus anzusehen. Und wenn wir diese Methode zum Vergleich des Preisniveaus eines jeden Jahres nicht direkt mit dem irgendeines entfernten, sondern mit dem des unmittelbar vorangegangenen Jahres verwenden, so können wir eine Reihe von Zahlen bekommen, die einen einigermaßen zuverlässigen Index der

Geldwertbewegungen bieten würde[1]). Es gibt aber auch allerhand andere mathematische Kunstgriffe, um zum selben Ergebnis zu kommen, auf die wir nicht einzugehen brauchen. Es kommt darauf an, die wesentlichen Schwierigkeiten zu verstehen und von keiner Indexzahl zu erwarten, daß sie völlig wasserdicht und fehlerfrei sei.

Es lohnt sich darauf hinzuweisen, daß der Versuch, den Geldwert an verschiedenen Orten zu vergleichen, auf ganz ähnliche Schwierigkeiten stößt. So z. B. zeigte eine Untersuchung des englischen Handelsministeriums (Board of Trade) über das Verhältnis der Lebenshaltungskosten in England und Deutschland einige Jahre vor dem Kriege, daß die von einem englischen Arbeiter üblicherweise verbrauchte Warenkombination in Deutschland etwa 20% mehr kostete als in England, während der übliche Konsum des deutschen Arbeiters nur etwa 10% mehr gekostet hat [als er in England gekostet hätte]. Und der Versuch, den Geldwert in zwei Ländern auf ganz verschiedener Zivilisationsstufe — etwa in England und auf den Kannibaleninseln — zu vergleichen, wäre praktisch sinnlos: denn die in Rechnung zu stellende Warenkombination wäre völlig verschieden, da sie in jedem Lande Güter umfaßte — wie Motorräder hier und Missionare dort —, die im anderen niemand kaufen könnte oder kaufen würde, selbst wenn er es könnte.

Das Ergebnis also ist, daß es weder in der Praxis noch auch nur in der Theorie möglich ist, die Veränderungen des Geldwertes exakt zu messen. Trotzdem ist nicht daran zu zweifeln, daß der Geldwert sich ändert, und daß bei entsprechender Vorsicht Maßstäbe gefunden und verwendet werden können, die für praktische Zwecke ausreichend exakt sind. Im folgenden werden Ausdrücke wie Geld-

---

[1]) Mit Hilfe dieser Methode könnten wir z. B. finden, daß das Preisniveau von 1921 um 20% über dem von 1920 stand und das Preisniveau von 1922 um 25% über dem von 1921: wir könnten dann sagen, daß das Preisniveau von 1922 um 50% höher war als das von 1920. (Anmerkung des Herausgebers: 20% + 30% = 50%; 30% als Änderung von 1921 auf 1922 ergibt sich daraus, daß das Preisniveau von 1921 gleich 100 plus 20% gesetzt wird.)

wert und allgemeines Preisniveau ohne weiteren Hinweis auf die ihnen anhaftenden Unklarheiten verwendet.

II. Die Bestimmungsgründe des Geldwertes.

5. Ähnlichkeiten zwischen dem Geld und anderen Gütern. Wir können nunmehr einer Frage nähertreten, die den Gegenstand vieler heftiger Kontroversen gebildet hat, der Frage nach den Kräften, durch die der Wert des Geldes tatsächlich bestimmt wird, im Unterschiede von der Frage nach dem Maßstab, mit dessen Hilfe er gemessen werden kann. Wieder einmal werden wir am besten davon ausgehen, daß das Geld nicht anders ist wie jedes andere wirtschaftliche Gut. Sein Wert wird folglich primär durch genau die beiden gleichen Faktoren wie der Wert aller anderen Güter bestimmt, nämlich durch die Nachfrage danach und die davon verfügbare Menge; und beim Gelde wie bei anderen Gütern hängt die Nachfrage zum Teil von den Sitten und Gewohnheiten der Gesellschaft ab, mit der wir es zu tun haben, d. h. davon, wieweit die Gesellschaft an die Verwendung des Geldes gewöhnt ist und es für die Wirtschaftsführung unentbehrlich findet. Bei gegebenen Zahlungsgewohnheiten besteht die Nachfrage nach Geld in der Gesamtmenge (Gesamtvolumen) der Käufe und Verkäufe aller Art, die innerhalb einer gegebenen Zeit mit Hilfe des Geldes bewerkstelligt werden sollen. Das Volumen der zu bewältigenden Umsätze kann aus zwei Gründen zunehmen: entweder weil die Gesamtmenge der Güter und Leistungen, die in der Volkswirtschaft verteilt werden sollen, zunimmt, oder weil etliche dieser Güter und Leistungen innerhalb einer gegebenen Zeitspanne häufiger von Hand zu Hand gehen. Diese letzte Erwägung ist vor allem für gewisse dauerhafte Güter, wie Häuser, Wertpapiere und Stapelwaren wichtig, die den Gegenstand spekulativer Käufe und Verkäufe bilden; im allgemeinen ist aber der andere Grund für das Wachsen des Umsatzvolumens — Zunahme der verfügbaren Güter und Dienstleistungen — von weit größerer Bedeutung. Jedenfalls bedeutet eine Zunahme des Umsatzvolumens Wachsen der Nachfrage nach Geld, und ähnlich bedeutet eine Abnahme des Umsatzvolumens Abnahme in der Nachfrage nach Geld.

Ist aber die Nachfrage nach Geld gegeben, so hängt sein Wert von der verfügbaren Menge ab. Wenn weniger Einheiten vorhanden wären, so gäbe es für jede Einheit mehr Arbeit zu tun: jede wäre gegen eine größere Menge anderer Güter zu tauschen; ihr Wert (Wert im Sinne unserer Definition) wäre gestiegen. Stünden mehr Geldeinheiten zur Verfügung, so würde sich jede gegen eine kleinere Menge von Gütern tauschen, ihr Wert wäre vermindert. Wollten wir unsere Analyse auf die Spitze treiben, so müßten wir zugeben, daß die Entziehung auch nur einer Geldeinheit aus der tatsächlich verfügbaren Menge zu einer, wenn auch nur geringen Tendenz führen würde, die Arbeit für die anderen zu vermehren und ihren Wert zu erhöhen. Jede Geldeinheit hat einen bestimmten Wert, weil es gerade so viele Einheiten gibt, weder mehr noch weniger: und der Wert jeder Geldeinheit ist gleich dem Werte einer beliebigen Einheit unter ihnen, die wir uns als plötzlich vernichtet denken können.

Den Lesern des ersten Bandes dieser Sammlung[1]) wird ohne weiteres einleuchten, daß also der Wert des Geldes auch in dieser Hinsicht dem anderer Güter ähnlich ist, indem er bei gegebener Nachfrage von der Gesamtzahl der zur Verfügung stehenden Einheiten abhängt und dem Werte einer beliebigen solchen Einheit gleich ist, die als plötzlich vernichtet gedacht werden kann.

6. Unterschiede zwischen Geld und anderen Gütern. Nun wollen wir zwei Gesichtspunkte ins Auge fassen, unter denen der Wert des Geldes anders bestimmt ist als der anderer Güter. Der erste Gesichtspunkt wird in der Tat sehr wichtig. Der Wert des Brotes ist nicht nur ein Ausdruck für die Gütermenge im allgemeinen, die im Austausch für einen Laib Brot erhältlich ist: er ist auch in irgendeinem Grade der Maßstab für die Nützlichkeit oder die Fähigkeit des Brotes, Bedürfnisse zu befriedigen. Wäre eines der vor-

[1]) Henderson, Hubert D.: Angebot und Nachfrage. Berlin: Julius Springer 1923.

handenen Brote vernichtet, so bedeutete dies einen entsprechenden Verlust an realem wirtschaftlichen Reichtum. Können wir dasselbe vom Gelde sagen?

In einer Hinsicht: ja. Würde eine Geldeinheit plötzlich vernichtet, so wäre der Besitzer derselben offenbar ärmer geworden. Niemand wird dies bestreiten, der je einen Groschen in eine Ritze hat fallen lassen. Es folgt daraus jedoch keineswegs, daß die Welt als Ganzes im selben Maße ärmer geworden wäre: denn die Verfügungsmacht über reale Güter, die der Besitzer verloren hat, ist nicht vernichtet, sie geht vielmehr automatisch auf den Rest der Gesellschaft über, deren Groschen jetzt mehr kaufen können. Würde freilich ein großer Teil der Geldmenge auf einmal verloren oder vernichtet, so könnte die Gesellschaft leicht an der Fortführung des wirtschaftlichen Verkehrs behindert sein, und die daraus folgende Hemmung des Tausches und der Produktion könnte zu ernsten Verlusten an realem Reichtum führen. Das ist wohl zu beachten, wenn man ein praktisch brauchbares Urteil über Pläne gewinnen will, die die Geldmenge in großem Stil vermindern wollen, worauf wir später zurückkommen werden. Der springende Punkt bleibt jedoch, daß der Wert des Geldes (innerhalb gewisser Grenzen) der Maßstab für die Nützlichkeit einer jeden Geldeinheit für ihren Besitzer, nicht aber für die Gesellschaft als Ganzes ist: während der Wert des Brotes zugleich (innerhalb gewisser Grenzen) der Maßstab für die gesellschaftliche Nützlichkeit eines jeden Brotes ist.

Wohlgemerkt, diese Eigentümlichkeit haftet nicht bloß dem Gelde an[1]). Wenn mein Grammophon unglücklicherweise unbrauchbar wird, so läßt sich der Gewinn meiner Nachbarn, was die Gesamtwirkung auf den Reichtum der Welt anbelangt, gegen meinen Verlust aufrechnen. Ist das Diadem der Frau X. betrüblicherweise abhanden gekommen, so muß die Schadenfreude der Frau Y. und der Frau Z. gegen den Kummer der Frau X. aufgerechnet werden. Die eigentümliche Erscheinung folgt im ersten Falle aus der sozialen

---

[1]) Vgl. Cunynghame im Economic Journal, März 1892, und Pigou im Economic Journal, März 1903.

Schädlichkeit des fraglichen Gegenstandes, im zweiten aus seiner neiderregenden Seltenheit. Beim Gelde folgt sie aus der Tatsache, daß es im allgemeinen von niemandem begehrt wird, außer wegen der Macht, die es über andere Dinge verleiht. Der Fall des Geldes ist aber bei weitem der wichtigste, und es ist folglich berechtigt, hier von einer recht wichtigen Eigentümlichkeit des Geldes hinsichtlich seiner Wertbestimmung zu sprechen.

Die zweite Eigentümlichkeit des Geldes hinsichtlich der Bestimmung seines Wertes ist mit der ersten eng verbunden: obwohl sie weniger wichtig ist, hat sie doch mehr Aufmerksamkeit auf sich gelenkt. Bei gegebener Nachfrage nach Geld weist das Verhältnis zwischen seinem Werte und der verfügbaren Menge folgende Eigentümlichkeit auf: je größer die Zahl der zur Verfügung stehenden Einheiten, um so kleiner, in genau dem gleichen Verhältnis, der Wert jeder Einheit. Man braucht nur einen Augenblick zu überlegen, um sich von der Richtigkeit dieses Satzes zu überzeugen. Wenn es ein bestimmtes Volumen an Gütern zu tauschen gibt und jedes Gut so und so oft die Hand wechseln soll, so hätte bei Halbierung der zur Verfügung stehenden Geldmenge jede Geldeinheit genau doppelt soviel Arbeit zu leisten; jede Einheit müßte im allgemeinen gegen eine doppelt so große Menge von Gütern ausgetauscht werden. Wenn die zur Verfügung stehende Menge verdoppelt würde, so hätte eine jede Einheit gerade halb soviel Arbeit zu leisten, jede Einheit müßte sich im allgemeinen gegen ein halb so großes Volumen von Gütern tauschen. In exakt arithmetischer Sprache heißt das so viel, daß bei gegebener Nachfrage nach Geld dessen Wert sich *in umgekehrtem Verhältnis* zur verfügbaren Menge *ändert*; mit anderen Worten: das *allgemeine Preisniveau ändert sich in direktem Verhältnis* zur verfügbaren Geldmenge.

Diese platte Selbstverständlichkeit ist häufig unter dem Namen *Quantitätstheorie des Geldes* einerseits zum Range einer großen Entdeckung erhoben und andererseits als gefährlicher Irrtum hingestellt worden. Wenn wir also überflüssige Streitigkeiten vermeiden wollen, müssen wir darüber im klaren sein, was sie nicht besagt. Sie besagt zunächst nicht, daß jede Änderung der verfügbaren Geldmenge von einer exakt proportionalen — oder überhaupt von irgendeiner — Änderung gegensätzlicher Richtung im Werte des Geldes begleitet sein muß. Es ist durchaus denkbar, daß eine Änderung der verfügbaren Geldmenge an sich eine Änderung in der Nachfrage nach Geld hervorruft (d. h. entweder in dem Ausmaße, in dem die Gesellschaft Geld verwendet, oder in der Menge der auszutauschenden Güter oder in der Häufigkeit, mit der sie von Hand zu Hand gehen), wodurch unsere Voraussetzung, die gegebene Nachfrage nach Geld, hinfällig wird. Wir werden später darauf zurückkommen, ob dieser Zusammenhang besteht und ob er von Belang ist.

Zweitens besagt unser Satz nicht, daß jede Veränderung des Geldwertes mit einer Änderung der verfügbaren Geldmenge zusammenhängt: sie kann mit einer Änderung in den Bedingungen der Nachfrage zusammenhängen, und es ist wohl überflüssig, noch einmal zu wiederholen, welche diese Bedingungen sind.

Drittens besagt unser Satz nicht, daß jede Veränderung des Geldwertes, die mit einer Änderung der verfügbaren Menge verbunden ist, sich zu dieser wie die Wirkung zur Ursache verhält. Der Begriff der Kausalität ist, wie man es dem, der je mit theoretischer Naturwissenschaft oder Philosophie zu tun gehabt hat, nicht zu sagen braucht, nicht einfach: und wir hüten uns besser davor, ihn allzu dogmatisch anzuwenden.

Viertens verspricht unser Satz, selbst soweit ein Kausalverhältnis hier vorliegt, keine Erklärung dafür, wie die Kausalkette läuft. Dies ist der Hauptgrund für das Mißtrauen des gewöhnlichen Sterblichen gegen die Quantitätstheorie, da es ihm mit Recht darauf ankommt zu wissen, auf welchen Wegen die Geldmenge, wenn überhaupt, das Preisniveau beeinflußt. Weiter unten wollen wir unser möglichstes tun, ihm eine befriedigende Antwort zu geben: aber die Antwort ist weder einfach noch leicht und hängt ab von der Eigenart der Währung, mit der wir es zu tun haben, und von den Geldarten, aus denen sie zusammengesetzt ist — Fragen, denen wir uns also baldigst zuwenden müssen, wenn wir vorwärts kommen wollen.

Welches Interesse besitzt nun für uns dieser bloße Stumpf einer Quantitätstheorie, wenn sie von allem, was sich zum Beweis oder zur Widerlegung eignen würde, entblößt ist? Weshalb haben wir sie hier überhaupt eingeführt? Die Antwort lautet, 1. daß generationenlange Kontroversen dem heutigen Schriftsteller kaum eine andere Wahl lassen, 2. daß der Satz eine merkwürdige Wahrheit über die Bestimmung des Geldwertes ausspricht, die der eigentliche Unterscheidungsgrund zwischen Geld und allen anderen Gütern ist, 3. daß es wohl lohnt, sich diese Wahrheit bei jeder Untersuchung der verwickelten Beziehungen zwischen der Geldmenge und dem tatsächlichen Preisniveau scharf einzuprägen. Weder ein triumphierendes Kredo noch eine verpestende Ketzerei: die Quantitätstheorie des Geldes ist und bleibt eine banale, aber brauchbare Selbstverständlichkeit.

7. Vorhandene und verfügbare Geldmenge. Die Kritik der Quantitätstheorie ist aber noch immer nicht vollendet. Die Wendung von der Menge des verfügbaren Geldes, die wir bei der vorhergehenden Darlegung gebraucht haben, bedarf einer weiteren Klarstellung. Die Menge des verfügbaren Geldes in dem hier gebrauchten Sinne ist nicht gleichbedeutend mit der Menge des vorhandenen Geldes: und zwar aus zwei Gründen.

Erstens muß das Verhältnis zwischen der Menge des Geldes und seinem Werte wie jedes andere Verhältnis zu irgendeiner Zeitspanne, etwa einer Woche, in Beziehung gesetzt werden. Während dieser Woche werden jedoch etliche der vorhandenen Geldstücke nicht auf dem Posten sein; sie werden sich etwa in einer Tasche erholen oder auf der Bank eine verlängerte Nachkur nehmen oder gar für lange Zeit tief in der Erde vergraben sein. Andererseits werden manche zwei- oder drei- oder vielmals verfügbar sein und im Laufe dieser kurzen Woche zur Bewältigung verschiedener Umsätze verwendet werden. Manche Geldstücke sind höchst beweglich wie Klatschgeschichten und laufen mit Leichtigkeit von einem zum andern; andere benehmen sich wie alte Damen beim Fahrkartenkaufen, man sollte meinen, daß sie die Beweglichkeit völlig eingebüßt hätten. Diese Tatsache wird häufig in der Weise ausgedrückt: man müsse nicht nur der Gesamtmenge des Geldes, sondern auch seiner durchschnittlichen Zirkulationsgeschwindigkeit Rechnung tragen. Und sie entspricht, obwohl wir auf anderem Wege zu ihr gelangt sind, genau dem Satze, daß wir bei Abschätzung der Nachfrage nach Geld nicht nur das Volumen der binnen bestimmter Frist umzusetzenden Güter, sondern auch die Anzahl ihrer Umsätze in Rechnung stellen müssen.

Eine kleine Geschichte[1]), um diesen Begriff der Zirkulationsgeschwindigkeit zu veranschaulichen. An einem Derbytag legen zwei Freunde, Bob und Joe, ihr Geld in einem Faß Bier an und machen sich auf den Weg zur Rennbahn, mit der Absicht, die Ware dort im kleinen zu einem Preise von 6 d für das Maß zu verkaufen und den Gewinn gleichmäßig untereinander zu teilen. Unterwegs bekam Bob, der gerade noch ein 3-Pence-Stück übrig hatte, großen Durst und trank ein Maß Bier, wofür er Joe 3 d als dessen Anteil am Marktpreis bezahlte. Etwas später bekam Joe den gleichen Wunsch und trank ein Maß, wobei er Bob 3 d zurückgab. Der Tag war heiß, Bob war bald wieder durstig und ebenso etwas später Joe. Als sie auf der Rennbahn ankamen, waren die 3 d in Bobs Tasche zurückgekehrt, und jeder hatte seine Schuld dem andern voll bezahlt: aber das Bier war „alle". Ein einziges 3-Pence-Stück hatte ein Umsatzvolumen bewältigt, das viele Schillinge erfordert hätte, wenn das Bier der ursprünglichen Absicht entsprechend an das Publikum verkauft worden wäre.

Die Größe dieser Zirkulationsgeschwindigkeit hängt in verschiedener Hinsicht von Gewohnheiten ab. Insbesondere wird, je seltener die Zeitpunkte liegen, an denen man seine

[1]) Übernommen von Edgeworth im Economic Journal, 1919, S. 329.

Schulden zu begleichen pflegt, um so mehr Geld stets brachliegen und um so geringer folglich die Zirkulationsgeschwindigkeit sein. Sie wird z. B. in der Regel geringer sein, wenn jährlich Gehälter gezahlt werden, als wenn man Wochenlöhne zahlt, und geringer sein, wenn die Leute darauflos borgen, als wenn sie ihre Einkäufe bar bezahlen.

Zweitens unterscheidet sich die verfügbare Geldmenge von der vorhandenen in einer Hinsicht, die weniger allgemein bekannt, aber nichtsdestoweniger von einiger Bedeutung ist. Der Marktpreis von Weizen oder Baumwolle ist nicht nur durch die momentan vorhandenen Weizen- bzw. Baumwollmengen beeinflußt, sondern mehr oder weniger auch durch die Schätzungen der Leute über die voraussichtlich in absehbarer Zeit zu erwartenden Mengen. Die Aussicht auf eine übergroße Baumwollernte wird den Baumwollpreis senken, während eine Nachricht über außerordentliche Regsamkeit des Kapselwurms (boll-weevil) ihn steigern wird. Genau die gleichen Gesetze wirken bei der Bestimmung des Geldwertes. Der Leser muß sich gedulden und auf Beispiele für das tatsächliche Wirken dieses Gesetzes sowie der anderen in diesem Kapitel behandelten warten. Inzwischen muß festgehalten werden, daß die verfügbare Geldmenge so zu verstehen ist, daß auch der Einfluß der in nächster Zukunft zu erwartenden Veränderungen der vorhandenen Geldmenge berücksichtigt wird.

8. Zwei ungelöste Probleme. Beim Gelde wie bei anderen Gütern wird also der Wert primär durch zwei Faktoren bestimmt, durch die Nachfrage und durch die verfügbare Menge. Bei den meisten uns geläufigen Gütern ist damit aber die Geschichte noch nicht zu Ende. Wir können einen Schritt weiter gehen und behaupten, daß ihre verfügbare Menge auf die Dauer von den Produktionsschwierigkeiten abhängt, und daß ihr Wert mehr oder weniger die Tendenz hat, ihren Produktionskosten in irgendeinem Sinne gleichzukommen. Nun fragt es sich, ob das auch für das Geld zutrifft. Sind Kräfte im Spiel, die dahin wirken, die Menge des verfügbaren Geldes von der Schwierigkeit der Produktion abhängig zu machen und mithin seinen

Wert den Produktionskosten anzugleichen? Und wenn nicht: welche Kräfte setzen sonst der Menge verfügbaren Geldes die Grenze?

In der weiteren Behandlung dieser Fragen werden wir uns, abgesehen von einer Stelle (S. 41), nicht mehr mit den Distinktionen des letzten Abschnitts zu plagen haben. Wenn wir sie gebührend zur Kenntnis genommen haben, so können wir einfach fragen: Was bestimmt die Menge des vorhandenen Geldes in einem Lande? Auf diese Frage jedoch, als die Frage nach dem Wege (wenn es überhaupt einen gibt), auf dem die Geldmenge das Preisniveau beeinflußt, gibt es keine einfache oder schlechthin gültige Antwort. Die Antwort hängt von der Art des Geldes und des Geldsystems ab, mit dem wir es zu tun haben. Wir müssen folglich an die Untersuchung der verschiedenen möglichen Geldarten gehen.

Drittes Kapitel.

Die Geldmenge.

I. Die Geldarten.

1. Bankgeld und Bargeld. Kurantgeld, fakultatives und Scheidegeld. Das letzte Kapitel hinterließ uns zwei Rätsel, die wir nicht lösen konnten, ohne Näheres über die verschiedenen möglichen Geldarten zu wissen. Nun gab und gibt es noch in der Welt viele verschiedene Arten von Geld und Währung; eine erschöpfende Aufzählung derselben ginge weit über den Rahmen dieses Buches hinaus. Nehmen wir aber irgendein bekanntes Geldstück — etwa eine 1-Pfund-Note (Schatzanweisung, Treasury Note) des englischen Schatzamtes —, behandeln wir es, wie man eine botanische Merkwürdigkeit behandelt, und stellen wir ihm verschiedene Fragen, deren Beantwortung uns dazu verhelfen soll, es von anderen Geldarten zu unterscheiden, so werden wir auf diesem Wege zu einer Art Klassifikation der Geldarten gelangen. Dann können wir weiterhin eine Vorstellung davon bekommen, wie die Währungssysteme der Welt aus diesen verschiedenen Geldarten aufgebaut sind.

Die erste Frage, die wir an unsere staatliche Note richten wollen, wird die sein: „Wird Sie bestimmt jeder in Zahlung nehmen, dem ich Sie zur Begleichung einer Schuld anbiete?“ Und unser Papiergeld wird unverzüglich antworten: „Ja, vorausgesetzt daß der Betreffende sich in diesem Lande befindet, d. h. dort, wo man mit mir jenen Scheck begleicht, den Ihr heute früh Eurem Schneider geschickt habt. Er wird ihn nur deshalb annehmen, weil er weiß oder zu wissen glaubt, daß Ihr bei Eurer Bank ein Guthaben besitzt, auf das Ihr ziehen könnt, und weil er ihn selbst mit Leichtigkeit seiner eigenen Bank zustellen kann. Wäret Ihr aber ein Landwirt, so würde der Versuch, Eure Arbeiter mit Schecks zu bezahlen, wenig Erfolg haben, denn diese wüßten schwerlich etwas damit anzufangen. Und wenn Ihr im nächsten Monat in die Sommerfrische geht, so wäre ich an Eurer Stelle etwas vorsichtig, bevor ich darauf bestünde, all die dortigen Krämer mit Schecks zu bezahlen, ehe sie Euch nicht etwas kennengelernt haben; denn sie würden keineswegs angenehm berührt sein. Es wird für Euch besser sein, mich und einige meiner Schwestern mitzunehmen: jedermann nimmt uns ohne Widerspruch in Zahlung und ist dankbar, wenn er uns bekommt.“

Unsere Schatzanweisung gehört also in die Kategorie des Bargeldes (common money), der Geldart also, die innerhalb bestimmter politischer Grenzen schlechthin angenommen wird: und nicht in die Kategorie des Bankgeldes, das auf seiten des Empfängers besondere Kenntnisse und besondere Vorkehrungen erfordert.

Unsere nächste Frage lautet: „Liebe Note, seien Sie nicht beleidigt, mißverstehen Sie mich nicht, ich zweifle keinen Augenblick daran, daß Sie de facto jedermann annehmen wird; sagen Sie aber, ist man verpflichtet, Sie anzunehmen oder steht es einem frei, es nicht zu tun?“ Und unsere Schatzanweisung wird mit einigem Stolz antworten: „Freilich ist man verpflichtet, mich anzunehmen. Das Gesetz verfügt, daß meine Schwestern und ich überall in England gesetzliche Zahlungsmittel zur Begleichung von Schulden in jedem Betrage sind. Das ist es, was ich an jenen Silber- und Kupfermünzen, die ich überall antreffe, nicht ausstehen kann. Sie tun so, als ob sie auch gesetzliche Zahlungsmittel wären, und sie sind es auch bis zu einem gewissen Punkte, aber nur so weit. Wenn Ihr Eurem Zigarrenhändler 1 Schilling und 1 Pence für ein Päckchen Zigaretten gebt, so muß er sie annehmen: offeriert ihm aber 13 einzelne Pence, so wird er berechtigt sein, die Annahme zu verweigern. Und wenn Ihr ihm 41 einzelne Schillinge schickt, um eine Rechnung über 2 Pfund 1 Schilling zu begleichen, so ist er berechtigt, wiederum zu refüsieren. Aber so etwas kommt so selten vor, daß die Schillinge und Pence sich darauf verlassen, daß Ihr das alles vergeßt, und furchtbar überheblich werden.

Als ich vor ein oder zwei Jahren im nahen Orient mit einem Offizier reiste, begegnete ich einer sehr interessanten Dame namens Maria-Theresien-Taler. Sie erzählte, daß sie in jenen Ländern nahezu zwei Jahrhunderte herumgereist sei, ohne irgendwelchen amtlichen Paß zu haben, daß aber jedermann sehr erfreut schiene, sie zu sehen, weil sie aus so gutem Silber wäre und so nett und natürlich aussähe[1]). Sie sagte, sie hielte nichts davon, gesetzliches Zahlungsmittel zu sein, sie käme immer sehr gut ohne das aus, und sie schien es eher als ein Zeichen von schlechter Herkunft und mangelnder Selbstsicherheit anzusehen. Ich glaube, ich habe einige Kusinen in Amerika — die Noten der „National Banks" —, die ohne irgendwelchen Beistand von seiten der Regierung umlaufen und sich dabei sehr wohlzufühlen scheinen. Für meine Person lege ich jedoch Wert darauf, gesetzliches Zahlungsmittel zu sein. Das sind jetzt merkwürdige Zeiten, und die Leute haben manchmal komische Ideen; und wenn irgend etwas passieren sollte, so habe ich meinen Marschbefehl und bin gedeckt, wie man beim Militär zu sagen pflegt."

Unsere Schatzanweisung gehört also in die Unterkategorie der gesetzlichen Zahlungsmittel in jedem Betrage

---

[1]) Vgl. J. M. Keynes: Economic Journal, 1914, S. 260.

(full legal tender money) oder kurz der gesetzlichen Zahlungsmittel (legal tender) oder Kurantgeld, d. h. Geld, das kraft Gesetzes zur definitiven Begleichung von Schulden in jedem Betrage im Verkehr der Bürger untereinander gültig ist; nicht in die Unterkategorie des Scheidegeldes (subsidiary money), das nur für Schulden bis zu einem geringen Betrage obligatorisch ist, oder in die Gruppe des fakultativen Geldes (optional money), das überhaupt nicht aufdrängbar ist.

2. *Einlösliches und Währungsgeld.* Kehren wir zu unserem Fragespiel zurück. „Ich verstehe nun vollkommen, Frau Note, daß mein Tabakhändler verpflichtet ist, Sie von mir, und daß ich verpflichtet war, Sie von meinem Arbeitgeber anzunehmen. Wäre ich aber verpflichtet, Sie von jedem anzunehmen, wer es auch sei? Mir kommt es so vor, als ob ich etwas darüber gehört hätte — verzeihen Sie, wenn ich mich irre —, daß es jemand gibt, der nicht berechtigt ist, Sie zur endgültigen Begleichung einer Verbindlichkeit aufzudrängen, und der verpflichtet wäre, mir, wenn ich Sie zu ihm trüge, statt Ihrer eine andere Geldart zu geben. Glauben Sie ja nicht, daß ich es versuchen will, aber sagen Sie mir bitte, ist es nicht so?“ Hier wird nun unsere Schatzanweisung zum erstenmal etwas verlegen sein. „Gewiß,“ wird sie sagen, „ich weiß nicht recht, was ich antworten soll. Man sagt, wenn mich einer zur Bank von England trägt, so wäre der Mann hinter dem Schalter verpflichtet, ihm statt meiner ein blankes Goldstück zu geben. Bis jetzt hat es aber niemand versucht, außer einem einzigen Mann. Es war ein Bursche, der in einem Keller unten an der Themse hauste, er hatte den ganzen Tag ein helles Feuer brennen und einen Haufen Töpfe, Pfannen und ähnliche Dinge: und er nahm mich und einige meiner Schwestern zur Bank von England und wollte dafür goldene Sovereigns haben; aber es wird wohl besser sein, ich erzähle Euch die Geschichte nicht bis zu Ende. Ich meine nur, ich würde es an Eurer Stelle nicht versuchen.“

„Ich habe auch nicht die Absicht, es zu versuchen. Aber als Jünger der Wissenschaft möchte ich die Wahrheit wissen. Habe ich das Recht, Sie, wenn ich will, in eine andere Geldart umzutauschen, oder sind Sie sozusagen ‚das letzte Wort‘?“

„Mein Gott,“ wird unsere arme Note antworten, „was stellt Ihr für plumpe Fragen. Wollt Ihr die Wahrheit nach dem Wortlaut des Gesetzes wissen, so habt Ihr das Recht, mich einzulösen: und Ihr könnt mich mit meiner großen Schwester, der Fünfpfundnote der Bank von England, in eine Reihe stellen, die wie ich gesetzliches Zahlungsmittel ist, die aber die Bank von England stets verpflichtet war und noch verpflichtet ist, auf Wunsch in eine andere Geldart umzutauschen. Wenn Ihr aber das wissen wollt, was manche Leute die höhere Wahrheit nennen, so wäret Ihr wohl nicht im Unrecht, mich mit dem Goldsovereign als dem ‚letzten Wort‘ in eine Reihe zu setzen. Bevor ich auf die Welt kam, war der Sovereign das einzige ‚letzte Wort‘ in diesem Lande: und in den meisten anderen wichtigen Ländern war, wie es mir erzählt wurde, eine Goldmünze gleicher Art das ‚letzte Wort‘: während es in manchen Ländern, soviel ich weiß, dicke Silberstücke — Fünffrankenstücke und Silberdollars und ähnliches mehr — gab, die ebenfalls das ‚letzte Wort‘ waren, weil die Zentralbanken und Staatskassen berechtigt waren, dieselben aufzudrängen, selbst wenn die Leute Gold verlangten. Heutzutage aber sind nahezu überall Papierscheine das letzte Wort. Die Leute müssen sie von ihren Regierungen und Zentralbanken ebenso wie voneinander annehmen. Freilich bin ich etwas anderes als jene französischen, deutschen und russischen Papierlappen, denn, wie ich es vorhin gerade sagte, ein Herr hat mich einmal zur Bank von England getragen, um mich in einen Sovereign umzuwechseln. . . . Armer Teufel! Wie wird sich seine Frau freuen, ihn zu sehen, wenn er nach all den Jahren heimkehren wird . . .“

Also gehört unsere Schatznote nominell zur Familie des einlöslichen Kurantgeldes (convertible legal tender) oder der Geldart, die jeder Bürger vom anderen als endgültige Zahlung annehmen muß, wohingegen aber eine Zentralstelle verpflichtet ist, auf Verlangen eine andere Geldart dafür herzugeben. In Wirklichkeit steht sie aber eher dem Währungsgeld (standard money) nahe, dem Gelde, in dem selbst eine solche Zentralstelle letzte und endgültige Lösung ihrer Verpflichtungen vornehmen kann, einschließlich der Verpflichtung zur Einlösung einlösbaren Geldes. Wohlgemerkt, einlösbares Kurantgeld ist nicht die einzige Art einlösbaren Geldes: Bankgeld z. B. und manche Arten fakultativen Geldes sind mit dem Recht versehen, bei Vorzeigen an der betreffenden Stelle gegen eine andere Geldart umgetauscht zu werden.

3. Unterwertiges und vollwertiges Geld. Noch eine Frage, und unser Katechismus ist beendet: „Sie sehen sehr gut aus, Frau Note, und ich möchte nichts Abfälliges sagen; aber sind Sie nicht ein bißchen dünn und blutarm? Wenn Sie ihren Beruf als Geld aufgeben und einen anderen ergreifen müßten, glauben Sie dann Ihren Lebensunterhalt verdienen zu können? Würden die Leute Sie dann ebenso schätzen wie jetzt? Würden Sie, um es kurz zu sagen, ebensoviel wert sein?" Nun wird unsere Schatzanweisung zum Schluß wirklich böse: „Seid Ihr aber dumm und altmodisch", wird sie antworten. „Ihr vergleicht mich vermutlich mit der Goldmünze, die Ihr aufhebt — o ja, ich war in Eurem Kassenschrank und weiß Bescheid —, die auch, wenn es zum Schlimmsten käme, noch zum Zähneplombieren gut wäre. Nun wäre ich freilich zu nichts nutze, außer zu Geld. Warum sollte ich auch? Ich wäre nicht brauchbarer als Hausverzierung oder zur Zahnpflege oder für andere nützliche Dinge als Ihr selbst, wenn Ihr mir diesen Vergleich erlaubt. Und laßt es Euch gesagt sein, dies trifft nicht nur für uns Papiergeldscheine zu. Da ist meine Freundin, die Rupie, die Währungsmünze in Indien, sie sieht sehr schmuck und gediegen aus und nimmt viele Leute für sich ein; nehmt ihr aber die Aufschrift weg, ihr Stoff würde sehr an Wert verlieren. Denn nicht ihr Fleisch verleiht ihr ihren Wert, sondern der Stempel darauf.

Und laßt Euch auch das gesagt sein, wenn viele von jenen hochmütigen Goldmünzen zu gleicher Zeit ihren Beruf als Geld einbüßen würden, so wären sie bei weitem nicht so viel wert, wie sie sich einbilden. Sie glauben, die Leute laufen ihnen nach, weil sie stark und hübsch sind, und so war es auch, als die Menschen noch Wilde waren. Der Hauptgrund, weshalb die Leute ihnen heute nachlaufen, ist der, daß sie Geld sind. Wenn eine von ihnen den Beruf als Geld aufgibt, während die anderen dabei bleiben, bleibt sie so viel wert, wie sie war, weil sie immer wieder eine Stelle als Geld bekommen kann. Würden sie aber alle zugleich den Laufpaß bekommen, dann weiß der liebe Gott, wohin sie kämen: denn diese Zahnheilgeschichte kann sie nicht alle ernähren — es gibt nicht genügend rachitische Zähne in der Welt.

Am Ende werdet Ihr noch behaupten, daß das Vieh der alten Griechen und der Tabak der Rothäute und die Messer der Chinesen besseres Geld wären als ich, weil Ihr sie zum Essen, zum Rauchen oder um Menschen zu morden gebrauchen könnt. Ebensogut könntet Ihr sagen, daß ein Operettentenor einen besseren Ministerpräsidenten abgäbe als Lloyd George, weil er sich durch das Vortragen von Couplets ernähren könnte, wenn er einmal aus seinem Amte scheiden müßte. Ich gebe zu, daß es mir, wie die Dinge liegen, nicht so gut gehen würde wie den Goldmünzen, wenn ich ins Ausland gehen würde. Ausländer mögen meinen Anblick in der Regel überhaupt nicht; aber das ist eine unwissende Gesellschaft, und ich kümmere micht nicht viel um sie. Nein, ich schäme mich gar nicht, unterwertiges Geld zu sein: gesetzliches Zahlungsmittel zu sein und als Währungsgeld behandelt zu werden, genügt mir vollkommen."

Unsere Note gehört also zur Kategorie des unterwertigen Geldes (token money), des (Kredit-) Geldes, dessen Wert wesentlich höher ist als der Wert des Stoffes, aus dem es hergestellt ist, und nicht zum sogenannten vollwertigen Gelde, dessen Wert nicht wesentlich größer als der seines stofflichen Trägers ist (Sachgeld). Diese Unterscheidung geht quer durch unsere übrige Klassifikation. Alle Bankgeld- und alle Scheidegeldarten sind gewöhnlich unterwertiges Geld: manches fakultative Geld jedoch (wie die Noten der Nationalbanken in den Vereinigten Staaten) ist unterwertig, während anderes (wie die großen Silbermünzen, die im Orient zirkulieren) vollwertig ist. Einlösbares Kurantgeld ist meist unterwertig, wie z. B. die Banknoten aller wichtigen Länder vor dem Kriege und die der Bank von England noch heute: aber der Sovereign in Indien ist vollwertiges einlösbares Kurantgeld und nicht Währungsgeld, denn die indische Regierung ist verpflichtet, dafür zehn Rupien in Austausch zu geben. Für manche Zwecke empfiehlt es sich, einlösbares Kurantgeld (wie die Note der Bank von England) und unterwertiges, fakultatives (wie die amerikanischen Nationalbanknoten) unter der Etikette *einlösbares Bargeld* zusammenzufassen.

Der Einfachheit halber können diese Resultate auf folgende Tabelle gebracht werden:

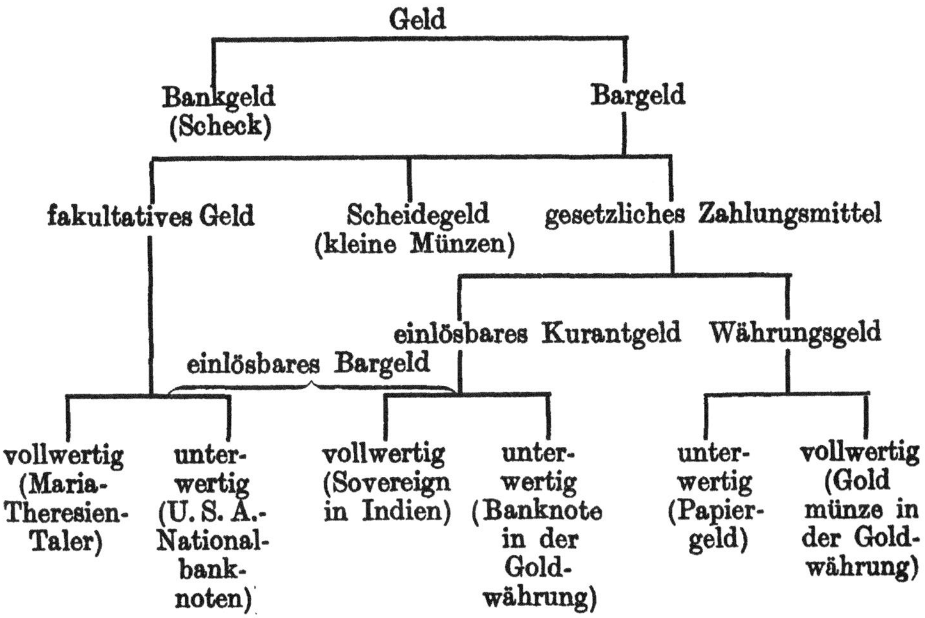

Bei dieser Klassifikation entstehen freilich merkwürdige Gruppierungen. Die Rupie erscheint als eine Note aus Silber oder die bolschewistische Rubelnote als eine Münze aus Papier, wie wir sie auch klassifizieren wollen. Der Maria-Theresien-Taler muß ungeachtet allen Stolzes mit dem primitiven Ochsengeld zusammen rubriziert werden. Nichtsdestoweniger scheint diese Klassifikation diejenige zu sein, die den Erfordernissen sauberer Systematik am besten entspricht.

II. Die Menge des Bankgeldes.

4. Das Verhältnis zwischen Schecks und Depositen. Die modernen Währungssysteme sind aus den genannten Geldarten aufgebaut, deren Kombination sich nach Gewohnheit und Gesetz regelt. Es wäre im Rahmen dieses kleinen Buches unmöglich, alle diese Kombinationen einzeln zu besprechen: wir können sie aber zum guten Teil kennenlernen, wenn wir uns an eine unserer ungelösten Fragen halten, die nämlich, wie die Menge des Geldes in einem Lande bestimmt wird. Und wir können uns die Aufgabe weiterhin erleichtern, indem wir unsere Aufmerksamkeit nunmehr auf den sogenannten Okzident konzentrieren und darunter etwas genauer die Länder mit selbständigen Währungen verstehen. D. h. also, wir wollen es jetzt nicht mit Ländern, wie Indien vor dem Kriege, zu tun haben, deren Währung zugestandenermaßen und endgültig im Anschluß an die eines anderen Landes reguliert wird: noch mit Ländern, in denen ausländisches Geld einen großen und wesentlichen Teil des Geldsystems bildet, wie z. B. in Ostafrika die indische Rupie oder in der arabischen Welt der Maria-Theresien-Taler oder im Fernen Osten der mexikanische Dollar. Um zwei von den oben genannten Geldarten brauchen wir uns also jetzt nicht zu kümmern, nämlich um das vollwertige, einlösbare Kurantgeld (Sovereign in Indien) und das vollwertige fakultative Geld (Maria-Theresien-Taler).

Die erste Frage, die wir zu stellen haben, lautet also: Wie wird die Menge des Bankgeldes in einem okzidentalen Lande bestimmt? Um diese Frage zu beantworten, müssen wir etwas näher darauf eingehen, wie das Bankgeld entsteht. Offenbar wird das Bankgeld nicht direkt von den Banken geschaffen: die unmittelbare Schöpfung erfolgt durch Leute, die Scheckbücher haben und die, wie es dem uneingeweihten Beobachter erscheinen mag, ganz nach eigenem Ermessen Schecks ziehen könnten, wann und auf welche Summe es ihnen beliebt. Nun weiß aber jedermann, daß dies in Wirklichkeit nicht der Fall ist, und daß der Besitzer des Scheckbuches Schecks nur bis zu einem gewissen Betrage ausstellen darf, über dessen Höhe er sich mit seinem Bankier geeinigt hat, und daß er diesen Betrag im allgemeinen tatsächlich nicht überschreitet. Der Gesamtbetrag, bis zu dem er das Recht hat, Schecks auszustellen, wird auch sein Bankguthaben (deposit) genannt; es wird sich jedoch empfehlen darauf hinzuweisen, daß das dem technischen Sinne, in dem der Bankier dies Wort gebraucht, nicht ganz entspricht. Wenn ein Scheck über 10 Pfund von mir an meinen Fleischer geht und von ihm bei der Bank eingeliefert wird, so ist mein Guthaben bei der Bank um 10 Pfund verringert und das seinige um denselben Betrag erhöht: sind auch 10 Pfund verfügbar geworden, so bleibt die Gesamtsumme der Depositen bei der Bank doch unverändert. Mithin ist in Wirklichkeit das Verhältnis zwischen der Gesamtmenge der Depositen in einer Zeitperiode und der Gesamtmenge der Schecks, die während dieser Zeit in Umlauf sind, ein besonderer Fall des Verhältnisses zwischen der Menge des vorhandenen und des verfügbaren Geldes (vgl. S. 29). Wenn wir von Schecks und nicht von Depositen als Bankgeld sprechen, so geschieht das, weil die Depositen, bevor sie Scheckform annehmen, nicht in einer Form existieren, die man, ohne paradox zu erscheinen, als Geld bezeichnen kann. Im Grunde sind aber Depositen, über die nicht verfügt wurde, brachliegendes Bankgeld, ebenso wie der Schilling in meiner Tasche brachliegendes Bargeld ist, und das Auftreten eines Schecks bedeutet ein vorübergehendes In-Erscheinung-Treten des Bankgeldes, wie das Auftreten eines Papiergeldscheines ein vorübergehendes In-Erscheinung-Treten von Bargeld ist.

Wir können uns die Depositen als eine Art Brutstätte für Schecks vorstellen, und obwohl es in der Regel nicht gut ist, für bekannte Dinge neue Namen zu schaffen, so wird es hier doch nützlich sein und uns vor mancher Sprachverwirrung bewahren, wenn wir dieses Verhältnis im Auge behalten und die Depositen einer Person als ihr Scheckguthaben (chequery) bezeichnen; denn es ist für Schecks der Brutplatz und das, was der Krähenhorst für die Krähen bedeutet. Wir werden also von den Depositen der Bank und vom Scheckguthaben des Kunden sprechen. Die Gesamtheit der Scheckguthaben ist identisch mit der Gesamtheit der Bankdepositen.

Das Verhältnis zwischen Scheckguthaben und Schecks hängt von den im zweiten Kapitel, Abschnitt 7 erwähnten Faktoren ab. Es ist freilich nicht schlechthin fest und unveränderlich, es schwankt vielmehr je nach den Bankkunden und ist bei denselben Kunden auch zeitlich verschieden. Mein Scheckbuch wird manchmal sehr angestrengt und bleibt manchmal wiederum beinahe unbenützt; und gerade wenn ich es am meisten strapaziere, steckt häufig am wenigsten dahinter.

Wir werden noch sehen, daß diese Schwankungen in der Zirkulationsgeschwindigkeit der Bankdepositen häufig einen wesentlichen Bestandteil in den Veränderungen des Gesamtangebots an verfügbarem Gelde bilden: ist diese Geschwindigkeit jedoch gegeben, so hängt das Volumen der Schecks offenbar vom Volumen der Depositen ab. Nun ist im einzelnen die Methode, nach der die Banken das Volumen ihrer Depositen durch Veränderungen in der Höhe der ihren Kunden gewährten Darlehen regulieren, ein schwieriger und wichtiger Gegenstand, der für sich ein ganzes Kapitel beanspruchen wird (Kap. IV). Ohne hier näher darauf einzugehen, können wir jedoch bereits fragen, wie die Banken zu ihren Entscheidungen über die Gesamtmenge der zu schaffenden Depositen kommen.

5. Das Verhältnis zwischen Depositen und Bargeldreserven. Es fragt sich also, nach welchen Regeln die Depositenmenge in den einzelnen Ländern reguliert wird. In England ist sie von Gesetzes wegen überhaupt nicht reguliert. Die Sache ist der freien Entscheidung der Banken überlassen, d. h. wie man wohl sagen kann, denjenigen Persönlichkeiten, die die Leitung der fünf großen Aktienbankkonzerne in Händen haben[1]). Im allgemeinen wird jedoch angenommen, daß die Banken die Depositenmenge nach eigenen Gewohnheitsregeln bemessen, so nämlich, daß zwischen den Depositen und den gesamten Barreserven ein bestimmtes rohes Verhältnis festgehalten wird; und was die Größe dieses Verhältnisses anbelangt, so empfiehlt es sich, die Zahl 9 : 1 zu behalten, obwohl es falsch wäre, anzunehmen, daß diese bei allen Banken gleich ist oder für irgend eine einzelne Bank feststeht. Diese Barreserven der Banken — im folgenden werden wir sie der Kürze halber so nennen — bestehen teilweise aus Bargeld bei den Banken selbst, teils aus Scheckguthaben bei der Notenbank[2]). Diese Scheckguthaben werden bei der Bank von England mit ihren anderen Depositen zusammengeworfen, und sie trachtet ebenfalls danach, ein bestimmtes rohes Verhältnis zwischen ihren gesamten Depositen und Reserven aufrecht zu erhalten, obwohl es heutzutage schwer zu sagen wäre, an welche Proportion gedacht wird. Vor dem Kriege mag sie eher über 2 : 1 gewesen sein. Die Reserven der Bank von England bestehen schlechthin aus Bargeld. Der Sinn dieser kleinen Komplizierung besteht darin, daß sie die Zahlung mittels Schecks zwischen Leuten, die mit verschiedenen Banken arbeiten, erleichtert. Wenn A., der mit der Bank X. arbeitet, dem B., der mit der Bank Y. arbeitet, mit einem Scheck über 10 Pfund zahlt, so wird die Bank Y. den Scheck, den sie von B. bekommt, der Bank X. zur Zahlung präsentieren: und die Bank X. wird diese Schuld begleichen,

---

[1]) Barclay's Bank, Lloyd's Bank, London County Westminster & Parr's Bank, London Joint & Midland Bank, National Provincial & Union Bank.

[2]) Wenn „Guthaben bei und präsentierte Schecks auf andere Banken in England“ als Reserven angeführt werden dürfen, so kommt die Proportion 7 : 1 dem wirklichen Verhältnis der Depositen zu den Reserven näher als die im Text genannte Zahl. Über den Einfluß der Schatzwechsel auf diese Zahl vgl. V. Kapitel, Abschnitt 4. [Die Deckung der Depositen durch liquide Mittel bei deutschen Kreditbanken schwankte vor dem Kriege zwischen 3 und 10 %; die Barreserve der Reichsbank für Noten und Depositen betrug weniger als 10 %. Speziell über die Notendeckung vgl. S. 47. — Anm. des Herausgebers.]

indem sie einen Scheck über 10 Pfund auf ihr Guthaben bei der Bank von England zieht. Tatsächlich finden Transaktionen dieser Art in so großer Zahl und ununterbrochen nach allen Richtungen zwischen den großen Banken statt, daß die meisten dank der Einrichtung einer sogenannten Abrechnungsstelle (clearing house) erledigt werden können: die fraglichen Scheckguthaben bei der Bank von England erleichtern nun die Begleichung eines jeden Saldos, der im gegebenen Augenblicke nicht in der geschilderten Weise behandelt werden kann.

Es ist wichtig, diesen Prozeß richtig zu verstehen, denn dadurch sind wir erst in der Lage, die folgenden Gedankengänge zum Teil zu vereinfachen, indem wir so verfahren, als ob es nur eine Bank gäbe, und es dem Leser selbst überlassen, sich auszudenken, wie sich die Sache durch das Vorhandensein mehrerer Banken kompliziert, die miteinander mit Hilfe eines Scheckguthabens bei der Notenbank abrechnen. Zunächst kommt es uns darauf an, daß die Banken sich daran gewöhnt haben, diese Scheckguthaben als Teile ihrer Reserven anzusehen. Die Folge davon ist, daß das Verhältnis zwischen der Gesamtmenge der Scheckguthaben des Publikums und den wirklichen Reserven an Bargeld in den Banken beträchtlich größer ist als das Verhältnis zwischen der Gesamtdepositenmenge und der gesamten nominellen Reserve, mit der die einzelne Bank unmittelbar rechnet. Unser Ergebnis jedoch, daß nämlich die Depositenmenge letztlich mit Rücksicht auf die Größe der Bargeldreserven reguliert wird, wird dadurch in keiner Weise berührt.

Fragen wir weiter, weshalb die Depositenmenge in irgendeinem Verhältnis zur Bargeldmenge stehen muß, so liegt die Antwort nahe. Es liegt daran, daß das Bankgeld bekanntlich einlösbar ist. Das Recht, einen Scheck auszustellen, bringt das Recht mit sich, ihn bei der Bank, auf die der Scheck gezogen ist, in Bargeld umgewechselt zu bekommen. Wenn freilich ein Teil des Scheckguthabens auf diese Weise in Bargeld umgewandelt wird, so verringert sich die Größe des Scheckguthabens in entsprechendem Betrage. Von diesem

Recht auf Einlösung wird bis zu einem gewissen Umfange von allen Scheckkonteninhabern Gebrauch gemacht, um Bargeld in kleinen Beträgen für laufende Zahlungen zu bekommen: und in großem Umfange geschieht es von seiten der Unternehmer, um Bargeld für Lohnzahlungen zu erhalten. Folglich muß eine Bank, die das Recht erteilt, Schecks auf sich zu ziehen, über genügend Bargeld verfügen, um für die Schecks, die ihr tatsächlich zur Einlösung präsentiert werden, Deckung zu haben. Es darf also nicht überraschen, daß die Banken ihre Depositen im Hinblick auf die in ihrem Besitz befindlichen oder unmittelbar greifbaren Bargeldmittel regulieren.

6. Die Größe der Bankreserven. Schwieriger ist jedoch die Antwort auf die Frage, weshalb die englischen Banken sich gerade das Verhältnis von etwa 9:1 ausgesucht haben. Wir wollen uns für einen Augenblick ein imaginäres Banksystem vorstellen, das nicht nur (wie das englische) absolut ungefährdet ist, sondern auch Tag für Tag, Woche für Woche völlig gleichförmig arbeitet (was in Wirklichkeit nicht der Fall ist). Für ein solches Banksystem gäbe es keinen Grund, überhaupt irgendwelche Bargeldreserven zu halten. Denn das Bargeld, das einmal zur Einlösung von Schecks ausgezahlt wurde, bleibt nicht für immer in Umlauf: von den Händlern und Geschäften, denen es zur Bezahlung von Gütern ausgehändigt wird, findet es seinen Weg zu den Banken zurück, da jene Leute es bei den Banken zu sicherer Verwahrung abladen und dadurch ihr Scheckguthaben entsprechend erhöhen. Es läßt sich kein Banksystem denken, das auf die Dauer existieren könnte, wenn es fortwährend Bargeld auszahlte, ohne es wieder zurückzubekommen. Angenommen aber, der Zufluß und Abfluß von Bargeld würde ganz gleichmäßig erfolgen, so gäbe es keinen Grund, einen festen Bestand an Bargeld in den Kellern der Banken zu halten. Eine Momentaufnahme dieses Banksystems könnte uns wohl ein Riesenvolumen von Depositen und trotzdem gar keine Bargeldreserven zeigen.

Nun verhält sich die Sache in einem wirklichen Banksystem freilich anders. Sowohl das Bedürfnis der Scheckkonteninhaber, Bargeld abzuheben, als auch die Neigung der Händler usw., Bargeld einzuzahlen, schwanken je nach dem Wochentag und der Jahreszeit. Es wäre folglich nicht überraschend, auf einer Momentaufnahme unseres Banksystems jeweils einen kleinen Bestand an Bargeld in den Banktresors zu sehen, gerade ausreichend, um den Abfluß zu bewältigen, wenn der Zufluß zeitweilig stocken sollte. Und man dürfte wohl annehmen, daß die Banken die Höhe dieses Bestandes nach den Schwankungen regulieren, mit denen der Verkehr erfahrungsgemäß das Bargeld an sich zu ziehen und wieder herzugeben pflegt. Das scheint nun aber keineswegs der Fall zu sein. Der Barvorrat ist stets wesentlich größer, als es für diesen Zweck nötig wäre, mag er auch in der Vergangenheit zum mindesten durchschnittlich wahrscheinlich nicht immer so hoch gewesen sein, wie er gerade zu den Zeitpunkten erschien, an denen die Banken ihre Bilanzen veröffentlichten.

Halten also die Banken einen genügend großen Vorrat, um jedem Abfluß, der irgend eintreten könnte, gewachsen zu sein? Offenbar nicht. Der Vorrat würde nicht ausreichen, sobald das Ansaugen von seiten der Scheckkonteninhaber sehr stark zunehmen oder das Zurückpumpen seitens der Händler sehr stark nachlassen würde. Kein Verhältnis zwischen Bargeldreserven und Depositen, das weniger als 100% beträgt, würde ausreichen, um allen Eventualitäten gewachsen zu sein. Das Gebaren der Banken ist ein Kompromiß zwischen einer Vorrathaltung, die nach ihrem Ermessen tatsächlich groß genug ist, und einer Vorrathaltung, die unter allen erdenklichen Umständen ausreichend wäre. Und zwar ein Kompromiß, der sich mehr auf Gewohnheit und auf die Notwendigkeit, beim Deponenten Vertrauen auf die Leistungsfähigkeit der Bank zu erwecken, als auf eine saubere Berechnung dessen gründet, mit welchen Chancen vernünftigerweise zu rechnen ist und was praktisch nicht in Betracht kommt.

Wir mußten auf diesen Gegenstand genauer eingehen, weil diesbezüglich manche Verwirrung herrscht — und zwar nicht nur in den Köpfen des sog. Publikums. Man neigt manchmal zu der Auffassung, als ob es irgendeine mystische Bestimmung des Verhältnisses zwischen Reserven und Depositen gäbe — sei es das englische 1 : 9 oder irgendein anderes —, ohne dessen Hilfe kein Banksystem Vertrauen genießen könne und mit dessen Hilfe jedes Banksystem unangreifbar sein würde. Es ist also wichtig, daran zu erinnern, daß unter gewissen Umständen ein Banksystem auch ohne jede Reserve erfolgreich arbeiten kann, und daß unter anderen Umständen erfolgreiche Arbeit nur mit einer hundertprozentigen Reserve möglich ist.

Auf dem Kontinent ist die Regulierung des Bankgeldvolumens, das bislang nicht von allzu großer Bedeutung war, wie in England den Banken selbst überlassen: in den Vereinigten Staaten jedoch, in deren Zahlungsmittelwesen das Bankgeld ebenso vorherrscht wie im englischen, hat der Gesetzgeber eingegriffen. Durch eine Reihe eingehender Maßregeln (die in ihrer heutigen Fassung aus dem Jahre 1913 stammen), die wir hier nicht im einzelnen besprechen können, sind dort die verschiedenen Arten von Banken verpflichtet, für ihre Depositen eine bestimmte Minimalreserve zu halten. Eine solche gesetzliche Regelung ist dem Einwand ausgesetzt, daß, wie nun einmal die menschliche Natur beschaffen ist, das im Gesetz nicht ausdrücklich Verbotene als erlaubt erscheint, und die Banken folglich der Versuchung ausgesetzt sind, das Ausmaß ihrer Reserven sehr nahe dem vom Gesetze vorgeschriebenen eisernen Bestand (bed-rock) zu halten. Jede unerwartete Nachfrage nach Bargeld kann dann die Banken vor die Alternative stellen, entweder das Gesetz zu übertreten oder sich für zahlungsunfähig zu erklären, obwohl ihre Reserven noch keineswegs erschöpft sind. Denn wenn die Reserven genau 20% der Depositen betrügen, so würde offenbar die Barbezahlung eines Schecks auf einen einzigen Dollar sowohl die Reserven als auch die Depositen um einen Dollar verringern und folglich das Verhältnis unter 20% herabdrücken: wären 20% die gesetzliche Grenze, so hätte man das Gesetz übertreten. Wenn ein durch Gewohnheit fixiertes Verhältnis willkürlich und abwegig ist, so erscheint gesetzliche Festlegung des Verhältnisses als ein offenbarer Mißgriff. Ein eiserner Bestand, den man selbst bei Hungersnot nicht anrühren darf, sieht wie ein schlechter Scherz aus. Gegenüber solcher Kritik könnte (freilich nicht allzu laut) darauf hingewiesen werden, daß in Geldfragen wie im Kriege Gesetze dazu da sind, um gegebenenfalls nicht eingehalten zu werden, und daß ihr Sinn nicht der ist, bestimmte Dinge schlechthin zu verhindern, sondern zu verhindern, daß sie ohne guten Grund geschehen. Jedenfalls hat das amerikanische Gesetz sein Möglichstes getan, um der Kritik zuvorzukommen, indem es die Starrheit des Verhältnisses zwischen Reserven und Depositen mit Hilfe verschiedener scharfsinniger Schutzvorrichtungen milderte. Die bemerkenswerteste von diesen gibt der Körperschaft, die im amerikanischen Bankwesen die höchste Instanz ist — der Federal Reserve Board —, die Befugnis, im Notfalle von den Vorschriften über Reserven gegen Entrichtung einer Steuer zu befreien.

7. Das Bargeld außerhalb der Banken und die Depositen. Das Verhältnis zwischen dem Volumen des Bankgeldes und dem des Bargeldes, das in den Banken eines Landes gehalten wird, ist, wie wir sehen, ein ziemlich willkürliches und künstliches, mag es durch Gesetz oder Gewohnheit fixiert sein. Daraus folgt jedoch nicht, daß zwischen dem Volumen des Bankgeldes und dem Volumen des außerhalb der Banken zirkulierenden Bargeldes kein natürliches und notwendiges Verhältnis besteht. Jedes Banksystem — auch jenes imaginäre, das wir vorhin besprochen haben und das keinen Vorrat an Bargeld hielt — würde aufhören zu arbeiten, wenn je der Zufluß an Bargeld im Vergleich zu dem Volumen der Depositen sehr klein werden würde; und zwar aus folgendem Grunde: Es gibt jeweils ein durch Gewohnheit und Sitte bedingtes Verhältnis zwischen dem Volumen der durch Schecks und der durch Bargeld beglichenen Zahlungen. Der Besitzer eines Scheckbuches bezahlt seinen Fleischer mit Schecks, aber dem Ausländer oder dem Trambahnschaffner zahlt er in Bargeld. Dieses Verhältnis steht freilich nicht für die Ewigkeit fest: wenn sich z. B. die Arbeiter in weitem Umfange an das Halten von Bankkonten und die Bezahlung der Löhne in Schecks gewöhnen würden, so könnte das Verhältnis der Depositen zum zirkulierenden Bargeld viel größer werden. Die Banken können in dieser Hinsicht zweifellos nach und nach die Gewohnheiten des Publikums beeinflussen: sie können sie aber weder völlig beherrschen noch plötzlich ändern. Solange diese Gewohnheiten unverändert bleiben und solange die Scheckkonteninhaber das Recht haben, von ihren Banken bares Geld zu verlangen, so lange wird das Verhältnis zwischen der Menge des in Umlauf befindlichen Bargeldes und dem Volumen der Bankdepositen die Tendenz haben, unverändert zu bleiben. Infolgedessen wird jede Bank, deren Depositen stark angewachsen sind, finden, daß der Abfluß an Bargeld den Zufluß stark übersteigt: denn das Publikum wird darauf bedacht sein, entsprechend der Zunahme des Bankgeldes mehr Bargeld in die Hände zu bekommen, und wird das einmal Erhaltene nicht wieder herausgeben wollen. Unter diesen Umständen würde unser imaginäres Banksystem ebenso, ja sogar rascher als jedes andere zusammenbrechen: denn die Voraussetzung, auf der es beruht — nämlich das Gleichgewicht zwischen dem Zufluß und dem Abfluß an Bargeld —, wäre sofort hinfällig.

Das Verhältnis zwischen Bankgeld und Bargeld hängt folglich nur zum Teil von den mehr oder weniger willkürlichen und konventionellen Maßnahmen der Banken bezüglich ihrer Reserven ab: zum Teil ist es auch durch etwas Tieferliegendes, wenn auch nicht Unveränderliches — die geschäftlichen Gewohnheiten und Neigungen des Publikums — bedingt.

Und noch eins. Wir haben durchweg von den Beziehungen zwischen Bankgeld und Bargeld gesprochen. Wo es sich jedoch um gesetzliche Rechte und Verpflichtungen handelt, wird es sich für den Leser empfehlen, der Exaktheit halber gesetzliches Zahlungsmittel für Bargeld zu setzen. In Wirklichkeit bestehen die Vorräte und die Zu- und Abflüsse an Bargeld in den okzidentalen Ländern zum Teil aus Scheidegeld und manchmal aus unterwertigem fakultativen Gelde. Die Menge des Scheidegeldes wird jedoch überall an Hand von Erfahrungen über die Gewohnheiten der Bevölkerung von Staats wegen in irgendeinem Verhältnis zu der Menge der gesetzlichen Zahlungsmittel reguliert. Auch die Menge des unterwertigen fakultativen Geldes (wo es solches gibt) wird, wie wir gleich sehen werden, mit Rücksicht auf die Kurantgeldmenge reguliert. Wir kommen also zu dem Ergebnis, daß das Volumen des Bankgeldes nach Maßgabe des Kurantgeldvolumens reguliert wird.

III. Die Bargeldmenge.

8. Das Verhältnis zwischen einlöslichem Bargeld und Währungsgeld. Nun ist also zu untersuchen, wie in einem okzidentalen Lande die Menge des einlöslichen Bargeldes (vgl. S. 39) bestimmt wird. Sie richtet sich in derselben Weise nach dem Volumen des Währungsgeldes, wie sich das Volumen des Bankgeldes nach der Menge baren Geldes bestimmen läßt; nämlich durch zwei Faktoren — durch die Gewohnheiten desPublikums und durch die Politik bzw. die Verpflichtungen der Regierungen und Banken. Was den ersten Faktor anbelangt, so läßt sich feststellen, daß das Publikum nur dort, wo die wirtschaftlichen Verhältnisse rückständig oder die politischen unsicher sind, auf der Verwendung des Währungsgeldes im täglichen Verkehr bestehen wird. In England pflegte man vor dem Kriege zu behaupten, daß die Vorliebe des Publikums für die Verwendung von Währungsgeld, d. h. von Goldsovereigns, bei gewöhnlichen Umsätzen unausrottbar sei: da aber das kleinste verfügbare gesetzliche Zahlungsmittel, das nicht Währungsgeld war, in der Fünfpfundnote der Bank von England bestand, die für die meisten zu groß und daher unbequem war, so war es nicht leicht, diese Behauptung nachzuprüfen. Heutzutage scheint man dort allgemein der Ansicht zu sein, daß das Publikum, selbst wenn die Einlösung der Schatzscheine freistünde und gesichert wäre, dieselben doch nicht Hals über Kopf einlösen würde, um seine gewöhnlichen Zahlungen innerhalb des Landes zu besorgen. Die bloße Zusicherung der Einlösbarkeit würde, sagt man, ebenso beruhigend wirken, wie es Glockengeläute aus der Ferne tut, und wäre eine ebenso harmlose Maßnahme.

Was den zweiten Faktor anbelangt, so hat der Gesetzgeber hier viel häufiger eingegriffen als beim Bankgeld. In England ist die ungedeckte Emission (uncovered issue) von Noten der Bank von England, d. h. der Überschuß der Gesamtemission über die Reserve der Bank an tatsächlich vorhandenem oder greifbarem Währungsgeld (Goldmünzen und Barren) gesetzlich auf ein Maximum von heute etwa $18^1/_2$ Millionen Pfund beschränkt. Seit Dezember 1919 wird die ungedeckte Ausgabe von Schatzscheinen nicht eigentlich durch Gesetz, sondern durch Verordnung des Schatzamtes (Treasury) auf derselben Grundlage reguliert, und ist heute [1921] auf etwa 317 Millionen festgesetzt[1]). Die Deckung kann jedoch zum Teil in Noten der Bank von England bestehen. Im Frankreich der Vorkriegszeit war nicht die ungedeckte, sondern die Gesamtausgabe an einlösbarem Kurantgeld (Banque de France-Noten) gesetzlich beschränkt. Im Vorkriegsdeutschland war die ungedeckte Ausgabe an einlösbarem Kurantgeld (Reichsbanknoten) wie in England gesetzlich beschränkt, wenn auch die Grenze zu bestimmten Jahreszeiten erhöht wurde und bei Bezahlung einer Steuer [von 5 %] jederzeit überschritten werden konnte. Das Verhältnis der Gesamtnotenemission zu der als Deckung gerechneten Reserve war durch Gesetz auf 3 : 1 begrenzt, wobei die Reserve zum kleineren Teil nicht aus gesetzlichen Zahlungsmitteln bestand. In den Vereinigten Staaten ist die Lage sehr kompliziert. Für eine Art einlösbaren Kurantgeldes (Gold- und Silberzertifikate) muß eine hundertprozentige Reserve in Währungsgeld gehalten werden: bei einer anderen Art (Staatspapiergeld: United States notes) ist die Gesamtemission

---

[1]) Diese Schatzscheine (Treasury notes) bilden seit dem Weltkrieg die Hauptmasse des englischen Währungsgeldes; sie sind faktisch uneinlösliches, vom Staate ausgegebenes Papiergeld, das z. T. (mit etwa 15—20%) in Gold und Noten der Bank von England gedeckt ist. Die Ausgabe ungedeckter Stücke ist für 1923 auf rund 270 Millionen £ beschränkt. (Anm. d. Herausgebers.)

beschränkt. Für eine Art unterwertigen fakultativen Geldes (Noten der National Banks und ihre Nachfolgerinnen unter der Bankakte von 1913) muß eine fünfprozentige Reserve in gesetzlichen Zahlungsmitteln gehalten werden, für eine weitere Art (Federal-Reserve-Noten) eine vierzigprozentige Goldreserve. Diese beiden Arten fakultativen Geldes sind aber auch noch durch Maßnahmen ganz anderer Art beschränkt. Die erste dadurch, daß gegen jeden Dollar an neugeschaffenen Noten ein Dollarwert in Staatsanleihen der Vereinigten Staaten von der emittierenden Bank gehalten werden muß; die zweite durch eine ähnliche Vorschrift, nach der in der Regel kommerzielle Sicherheiten an Stelle derjenigen der Regierung treten, sowie durch die Tatsache, daß die Schaffung dieser Geldart an die Zustimmung des Federal Reserve Board gebunden ist (vgl. S. 48).

Wir werden sehen, daß das Volumen des einlösbaren Bargeldes nicht immer direkt nach Maßgabe der Währungsgeldmenge reguliert wurde. Nichtsdestoweniger sorgt die Tatsache, daß die erstgenannte Art einlösbar i s t, dafür, daß zwischen beiden ein gewisses Verhältnis eingehalten wird. Die Praxis der Banken und Regierungen mag im einzelnen hier wie beim analogen Fall des Bankgeldes willkürlich und künstlich sein; die gesetzliche Festlegung proportionierter Reserven birgt, wo sie erfolgt ist, die gleichen Gefahren. Trotzdem haben die bestehenden Systeme ihren unmittelbaren Zweck, das einlösliche Bargeld einlösbar zu erhalten, im großen und ganzen meistens erreicht: allerdings sind gar manche von ihnen unter dem Druck der Kriegsverhältnisse endgültig aufgegeben worden.

9. Die Menge des Währungsgeldes. Also richtet sich in okzidentalen Ländern die Menge aller anderen Geldarten mehr oder weniger unmittelbar nach der Menge des Währungsgeldes. Es bleibt mithin als letzte Frage: „Was bestimmt die Menge des Währungsgeldes selbst?“

Die Antwort auf diese Frage hängt davon ab, ob das Währungsgeld unterwertig oder vollwertig ist. Ist es unterwertig, so hängt seine Menge von dem Willen der Regierung ab. Wäre die Geldschöpfung Privaten erlaubt, so könnte seine Menge ins Unendliche wachsen; das verhindern die Regierungen, indem sie sich das Monopol der Emission unterwertigen Währungsgeldes vorbehalten und so viel oder so wenig emittieren, als sie für richtig halten. Die Menge kann freilich auch unmittelbar von Beamten einer Bank und nicht der Regierung bestimmt werden, wie heutzutage in Frankreich und in Deutschland, wo die Noten der Banque de France bzw. der Reichsbank die wichtigste Währungsgeldart darstellen. Die maßgebende Instanz, mag sie nun der Regierung oder der Bank angehören, braucht in ihren Entschlüssen nicht völlig unabhängig zu sein. So besteht noch heute die gesetzliche Grenze für die Notenemission der Bank von Frankreich, wenn sie auch in den letzten Jahren häufig erhöht worden ist[1]). Aber unter den heutigen Verhältnissen sind Notenbanken wie Parlamente gewöhnt zu tun, was man von ihnen verlangt. Und in den meisten Ländern mit unterwertigem Währungsgeld ist heute der Regierungsbedarf maßgebend für die Bestimmung des Geldvolumens. Und dieser Bedarf erfordert gewöhnlich gebieterisch ein sehr großes Geldvolumen.

Wenn aber das Geld vollwertig ist — wenn der Stoff, aus dem es besteht, als Geld nicht wesentlich wertvoller ist als in anderer Verwendung —, so können wir ziemlich sicher sein, daß die Menge nicht von Staats wegen künstlich beschränkt wird. Denn das einfachste, wenn auch nicht das einzige Mittel, um zu verhindern, daß der Wert des Stoffes als Geld den Wert desselben Stoffes in anderer Verwendung übersteigt, besteht für eine Regierung darin, daß sie die ungehemmte Verwendung desselben als Geld gestattet, indem sie entweder gar nichts tut oder (häufiger) tatsächliche Erleichte-

[1]) Der Banknotenumlauf in Frankreich belief sich gegen Ende 1923 auf rund 38 Milliarden Frs. (Golddeckung ca. 15%) und ist in der Tat seit 1921 nicht mehr vermehrt worden; dagegen wird die Menge der zwar nicht de jure, aber de facto als Währungsgeld fungierenden verzinslichen Schuldverschreibungen (Bons de Trésor und Stücke der Obligation de la défense nationale) fortschreitend vermehrt. Ähnliche Verwendung von Staatsanleihestücken als Zahlungsmittel („Dollarschatzanweisungen" und „Goldanleihe" des Reiches) neuerdings in Deutschland. (Anm. d. Herausgebers.)

rungen für die freie Umwandlung in Geld gewährt. Stellt sich nämlich dann heraus, daß der Wert des Geldstücks den des stofflichen Trägers übersteigt, so wird der Stoff anderweitiger Verwendung, in der er geringer geschätzt wird, entzogen und dem Staate zur Umwandlung in Geld zugeführt; und dieser Prozeß dauert so lange an, bis der Wert des Geldstücks auf den Wert des Stoffes in sonstiger Verwendung herabsinkt[1]). Wenn die Regierung, wie es gewöhnlich geschieht, eine kleine Gebühr für die Kosten der Ausprägung erhebt, so hört dadurch dieses Geld nicht auf, vollwertiges Geld in unserem Sinne zu sein; denn sein Wert als Geld übersteigt den des stofflichen Trägers nur um einen ganz kleinen, engbegrenzten Betrag. Alle wichtigen okzidentalen Länder haben für einige Zeit ein [frei ausprägbares] Währungsgeld aus Gold gehabt und lassen heute alle die freie Ausprägung des Goldes zu.

Auf den ersten Blick mag es also den Anschein haben, als ob wir einen Schritt weiter gehen und sagen könnten, daß die Menge des vollwertigen Währungsgeldes in einem Lande von der Bewertung des stofflichen Trägers für andere als Münzzwecke abhängt. Bei diesem Schritt müssen wir aber vorsichtig sein. Zunächst schließen die verschiedenen Verwendungsmöglichkeiten des fraglichen Materials vom Standpunkte eines jeden Landes die Verwendung als Geld in anderen Ländern ein. Die Menge vollwertigen Währungsgeldes in dem einen Lande hängt also zum Teil davon ab, in welchem Umfange andere Länder dasselbe Material für Münzzwecke benutzen. Das ist ein sehr wichtiger Punkt, denn er bedeutet, daß ein Land mit Währungsgeld aus Gold auf Gnade und Ungnade jedem Wechsel nicht nur in der Vergoldungs- und Zahnheiltechnik seiner Nachbarn, sondern auch in deren Zahlungsmethoden ausgeliefert ist. So hat z. B. in den siebziger Jahren des vorigen Jahrhunderts der Entschluß Deutschlands, ein Währungsgeld aus Gold einzuführen, die Zunahme der Währungsgeldmenge in England entschieden gehemmt.

---

[1]) Wegen eines Beispiels dafür, wie dies geschieht, muß sich der skeptische Leser bis zum V. Kapitel, Abschnitt 2 in Geduld fassen.

Zweitens folgt daraus, daß die Regierungen die Menge vollwertigen Währungsgeldes nicht künstlich beschränken, keineswegs, daß sie dieselbe nicht künstlich vergrößern [wollen]: das ist sogar heutzutage meistens der Fall. Sollte der Wert des Goldes als Geld unter seinen Stoffwert sinken, so wäre der natürliche Ausgleich der, es anderen Zwecken zuzuführen, sei es durch Einschmelzen oder Versenden in solche Länder, die Goldmünzen verwenden. Das kann jedoch der Staat verhindern, indem er das Einschmelzen oder den Export von Goldmünzen verbietet. Während somit die Goldmünze vollwertiges Geld im Sinne unserer Definition bliebe (denn sie wäre keineswegs mehr, sondern tatsächlich weniger wert als das in ihr enthaltene Gold), ihre Menge wäre doch, ähnlich wie beim unterwertigen Währungsgeld, durch den Willen des Staates nach unten begrenzt.

Damit haben wir just das heutige englische Währungssystem charakterisiert. Es gibt eine sogenannte Goldprämie, die heutzutage etwa 24% beträgt, d. h. der Wert des im Sovereign enthaltenen Goldes übersteigt den Wert der Währungsgeldeinheit, mag es sich um Papier oder um Gold handeln, um etwa 24%. Aber selbst wenn die freie Einlösung der Schatzscheine in Goldmünzen gesichert wäre, ist es verboten, die so erlangten Goldmünzen einzuschmelzen oder (von Ausnahmen abgesehen) zu exportieren; sie wären daher für den staatstreuen Bürger nicht mehr wert als die Schatzscheine. Mithin scheint die untere Grenze der vorhandenen Goldgeldmenge durch die Regierung festgelegt[1]), und die Prämie bleibt bestehen.

Ferner hätte, während es nach wie vor jedem freisteht, Gold zur Münze zu tragen, keine Privatperson ein Interesse daran, da das Gold in Geldform weniger wert wäre als in seinem natürlichen Zustand. Nur die Regierung könnte, wenn sie es der Mühe wert hielte, den Verlust, der aus der Umwandlung des Goldes in Goldmünzen erwächst, (auf

---

[1]) In Wirklichkeit verschwindet die Goldmünze überall mit Auftreten des Goldagios („schlechtes Geld verdrängt das gute": Greshamsches Gesetz) und hört damit de facto auf, Währungsgeld zu sein. So auch in England: vgl. S. 57. (Anm. d. Herausgebers.)

Kosten der Allgemeinheit) tragen. Während man also nicht behaupten kann, daß der englische Staat die Menge der Sovereigns künstlich einschränkt, wäre er und nur er allein in der Lage, diese Menge zu vergrößern: und man könnte folglich behaupten, daß unter solchen Umständen die obere wie die untere Grenze der Menge vollwertigen Währungsgeldes ganz wie bei dem unterwertigen Währungsgeld im Ermessen der Regierung liegt. Angesichts solcher Tatsachen scheint es schwierig, irgend etwas Allgemeines über die Art und Weise zu sagen, wie die Menge des vollwertigen Währungsgeldes bestimmt wird.

10. Der Sinn der Goldwährung. Die Antwort auf die folgende Frage löst die Schwierigkeiten: Was ist eigentlich gemeint, wenn davon die Rede ist, daß ein Land Goldwährung besitzt, oder daß seine Währung auf Gold ruht?

Drei Fragen sind hier zu stellen. Erstens: Braucht man zur Goldwährung ein Währungsgeld aus Gold? Die Antwort auf diese Frage könnte lächerlich einfach scheinen, wüßten wir nicht zufällig von Indien, daß es niemals ein Währungsgeld aus Gold besaß, daß jedoch, wie wir gleich sehen werden, die Menge des Währungsgeldes dort lange Jahre hindurch seinem Goldwert entsprechend reguliert wurde. Es ist jedoch üblich geworden, die Vorkriegswährung Indiens eine Goldkernwährung (gold exchange standard) zu nennen, weil die Regierung in der Hauptsache so vorging, daß sie das Geld eines Landes mit wirklicher Goldwährung, nämlich englisches Geld, kaufte und verkaufte. Es wird sich empfehlen, die Bezeichnung Goldwährung auf diejenigen Länder zu beschränken, die ein eigenes Währungsgeld aus Gold besitzen.

Müssen zweitens bei Goldwährung alle anderen Geldarten letztlich in Gold einlösbar sein und kann es kein anderes Währungsgeld geben als das Gold? Streng genommen müßten wir mit ja antworten. Vor dem Kriege gab es in Frankreich eine beschränkte Menge unterwertigen Währungsgeldes aus Silber, ähnlich heute noch in den Vereinigten Staaten. Von solchen Ländern sagt man manchmal, sie hätten eine hinkende Währung, weil ihre Währung gleichsam zwei Beine hat, eines aus Gold und eines aus Silber, das Silberbein jedoch verkümmert und untauglich ist. Es wäre aber wirklich allzu pedantisch, zu behaupten, daß die Vereinigten Staaten, die heute im wesentlichen das einzige wichtige Land mit effektiver Goldwährung sind, überhaupt keine Goldwährung hätten. Wenn wir das verstehen wollen, was oben im Sinne unseres Papiergeldes die höhere Wahrheit genannt wurde, so dürfen wir die Behauptung, daß ein Land Goldwährung hat, nicht lediglich deshalb bestreiten, weil es eine geringfügige und strikt beschränkte Menge von Währungsgeld besitzt, das nicht aus Gold besteht.

Ist es drittens für die Goldwährung ausreichend, daß alle anderen Geldarten letztlich in Gold einlösbar sind? Die Antwort lautet: nein; es sei denn, daß sie bedingungslos einlösbar sind, d. h. nur wenn die Goldmünze durch Einschmelzen oder Export in gewöhnliches Gold umgewandelt werden kann. England hat also [da das Papiergeld nur mit Disagio in Gold einlösbar ist] zur Zeit keine Goldwährung.

Wir sprechen also von Goldwährung dort, wo praktisch alle Geldarten letztlich in vollwertige Goldmünzen einlösbar sind und diese vollwertigen Goldmünzen selbst frei in gewöhnliches Gold eingeschmolzen und auch exportiert werden können. Es ist schwer, irgendein Beispiel für ein ganz reines Goldwährungsland zu finden außer England vor dem Kriege: wenn wir aber nicht allzu pedantisch sein wollen, können wir auch die meisten Vorkriegswährungen in Europa sowie heute Amerika und Japan einschließen.

11. Geldmenge und Produktionskosten des Goldes. Wir wollen nun endlich unsere Frage beantworten: Was bestimmt die Währungsmenge in okzidentalen Ländern? Für jedes Goldwährungsland, aber nur für ein solches, können wir die Frage wie folgt beantworten: Bei gegebener Nachfrage nach Geld in dem betreffenden Lande ist die Menge des Währungsgeldes (indirekt also allen Geldes) durch den Wert des Goldes für alle Verwendungszwecke außer dem monetären in dem betreffenden Lande selbst bestimmt, d. h. durch die Weltnachfrage und den Weltvorrat an Gold.

Können wir nun so weit gehen und sagen, daß die Goldmenge der Welt durch die Produktionskosten des Goldes bedingt ist, und daß sein Wert die Tendenz hat, sich den Produktionskosten anzugleichen? Vor etwa einem halben Jahrhundert wäre es sehr schwer gewesen, etwas Derartiges zu beweisen; denn die Auffindung von Goldfeldern war damals reine Zufallssache, und es wurde ohne viel Rücksicht auf die Kosten produziert. Die großen Goldfunde der fünfziger Jahre in Australien und Kalifornien waren zum großen Teil dieser Art. Die Produktion bestand, wo sie von Erfolg gekrönt war, in der Hauptsache darin, daß man das Gold an der Erdoberfläche aus dem Sande auswusch und auf den Markt brachte. In neuerer Zeit gab es jedoch in dieser Hinsicht einen großen Umschwung, indem die Goldfelder auf der Erdoberfläche praktisch erschöpft und die abenteuerlichen Produktionsmethoden unmöglich sind. Der Goldbergbau ist heute besonders in Transvaal ein kostspieliger chemischer und mechanischer Prozeß und wird wie jede andere Unternehmung unter sorgsamer Berechnung des Ertrages und der Kosten betrieben. Jede große Veränderung im Werte des Goldes beeinflußt folglich sehr bald das Verhalten der Goldproduzenten. Die Art dieser Beeinflussung hängt davon ab, ob sie in einem Goldwährungslande leben oder nicht. Im ersten Falle findet eine Änderung der Produktionskosten in Geld statt, im zweiten ändert sich der Geldpreis, den die Produzenten für ihr Produkt erzielen: beides macht sich nur zu leicht am jährlichen Goldertrag fühlbar. Denn die Produktion wird eingeschränkt, wenn der Goldwert fällt, und erweitert, wenn er steigt, ganz ebenso wie es bei der Produktion jeder anderen Ware in ähnlichem Falle geschehen würde. Der Wert des Goldes hat mithin wie der anderer Güter die Tendenz, sich den sogenannten Grenzkosten der Produktion anzugleichen, d. h. den Produktionskosten desjenigen Teiles des jährlichen Ertrages, der der Natur mit den größten Schwierigkeiten abgerungen wird.

Daraus dürfen wir aber nicht folgern, daß es für den Goldwert eine Tendenz zur Stabilität gibt, denn die Grenzkosten der Goldproduktion sind ebenso wie die anderer Güter keine feste Größe, sie schwanken vielmehr nach Maßgabe der produzierten Menge. So würde ein großer Sturz des Goldwertes infolge eines Ausfalls in der Weltnachfrage zur Stillegung einer Anzahl der wenigst ergiebigen Goldbergwerke (oder einzelner Minen) führen, deren weiterer Betrieb sich nicht mehr lohnen würde; und die neuen Grenzkosten würden, da sie die des leichter abbaubaren Goldes sind, im Einklang mit dem reduzierten Goldwerte stehen. Diese Ertragsminderung würde jedoch kaum viel Einfluß im Sinne einer neuerlichen Steigerung des Goldwertes haben. Denn erstens bildet der ganze jährliche Ertrag nur einen kleinen Bruchteil — etwa 3% — des Gesamtangebots der Welt, so daß selbst eine hohe prozentuale Abnahme des jährlichen Ertrages nur ein weniger rasches Wachstum und nicht eine Abnahme des Gesamtangebots zur Folge hätte. Wenn zweitens der Teil des Ertrages, der aus den ertragsschwachen oder unergiebigen Goldminen und Goldfeldern stammt, nicht groß ist, so wird schon eine recht kleine Abnahme des Ertrages genügen, um die Grenzkosten der Produktion mit dem reduzierten Goldwert in Einklang zu bringen. In der Tat ist das etwa fünfzigprozentige Fallen des Goldwertes zwischen 1915 und 1919 von einer Abnahme des Jahresertrages um nur etwa 22% und freilich von einer tatsächlichen Zunahme des Gesamtvorrates der Welt begleitet gewesen. Ganz ebenso kann man folgern, daß eine große Erhöhung des Goldwertes allein kaum zu einer entsprechend großen Steigerung des Weltvorrates führen würde.

Wir können also sagen, daß die Menge des vorhandenen Goldes letztlich durch die Produktionskosten des Goldes begrenzt ist, nicht aber, daß sie in einer direkten und einfachen Weise davon abhängt. Und wir können ferner sagen, daß der Goldwert die Tendenz hat, sich den Grenzkosten der Produktion anzugleichen, nicht aber, daß er durch diese bestimmt wird. Ferner müssen wir uns bewußt bleiben, daß aus diesen Tatsachen keine Tendenz zur Stabilität des Goldwerts folgt. Hält man alles dies vor Augen, so steht so viel wohl fest, daß in einem Goldwährungslande die Geldmenge letztlich durch die Produktionskosten des Goldes begrenzt ist, und daß sein Wert die Tendenz hat, den Grenzkosten der Produktion eines bestimmten Goldquantums gleichzukommen.

Für okzidentale Länder ohne Goldwährung gilt dagegen, daß weder die Menge noch folglich der Wert des Geldes irgendwelche Beziehung zu den Produktionskosten eines Stoffes hat, aus dem das Geld hergestellt wird.

12. Die Goldkernwährung. Die im Anfang des Abschn. 9 gestellte Hauptaufgabe ist somit erfüllt. Es empfiehlt sich jedoch, an dieser Stelle einiges mehr über eine interessante Gruppe von Ländern zu sagen, zu denen vor dem Kriege Indien gehörte und zu denen noch heute einige Länder ähnlicher politischer Verfassung (wie z. B. die Philippinen) zählen. In diesen Ländern ist das Währungsgeld unterwertig, wird aber vom Staate keineswegs willkürlich, sondern in solcher Weise reguliert, daß sein Wert gegenüber dem Gold oder dem Geld eines anderen Landes stabil gehalten wird. Dies wurde vor dem Kriege in Indien folgendermaßen erreicht: Die Verwaltung gab in Indien stets 15 Rupien für einen Sovereign (= 1 Pfund Sterling); ferner gab sie in Indien stets etwa 15 Rupien für das Zahlungsversprechen auf einen Sovereign in London. Dadurch konnte der Goldwert der Rupie — d. h. sein Wert in Gold ausgedrückt — nicht merklich über $^1/_{15}$ Sovereign steigen: wenn er nämlich Miene machte, dies zu tun, so gab es stets Leute, die der Verwaltung Sovereigns anboten und Rupien verlangten. Aber die Verwaltung versprach auch, stets etwa einen Sovereign in London für je 15 Rupien herzugeben, die sie in Indien erhält: so konnte der Goldwert der Rupie niemals viel unter $^1/_{15}$ Sovereign sinken, weil es, wenn er Miene machte, dies zu tun, Leute gab, die der Verwaltung gegen ein Versprechen auf Sovereign Rupien brachten. Dieses System hat während des Krieges einen schweren Stoß erlitten; 1920 wurde jedoch angenommen, daß man es mit den folgenden Modifikationen wieder herstellen wolle. Von nun an sollte der Wert der Rupie nicht gegenüber dem Sovereign, sondern gegenüber dem im Sovereign enthaltenen

Golde stabil gehalten werden, und zwar als $^1/_{10}$ und nicht als $^1/_{15}$; die erste Änderung ist durch Englands Abkehr von der Goldwährung bedingt, die zweite durch die während des Krieges eingetretene Steigerung im Werte des Silbers, aus dem die Rupie besteht, gegenüber dem Golde. Aus verschiedenen Gründen ist es jedoch bis jetzt unmöglich gewesen, diese Pläne zu verwirklichen, und der Goldwert der Rupie schwankt jetzt etwa so wie der der Lira oder des Franken.

Es war ein bemerkenswertes, wenn auch nicht wesentliches Merkmal des indischen Systems, daß die Verwaltung zwar die Menge des Währungsgeldes, nicht aber die Gesamtmenge an gesetzlichen Zahlungsmitteln regulierte. Denn der Sovereign konnte in Indien ungehemmt eingeführt werden, wo er als gesetzliches Zahlungsmittel, wenn auch nicht als Währungsgeld behandelt wurde und noch heute behandelt wird (vgl. S. 38).

Im Rahmen dieses Währungssystems wird also die Menge des Währungsgeldes nicht willkürlich, sondern mit Rücksicht auf den internationalen Wert des Goldes von Staats wegen reguliert: und der Wert des Geldes in einem Lande mit solcher Goldkernwährung hat ebenso wie der Wert des Geldes in einem Goldwährungslande die Tendenz, sich den Grenzproduktionskosten eines bestimmten Gewichtes Gold anzugleichen.

Schließlich läßt sich sagen, daß in den Ländern, in denen vollwertiges fakultatives Geld eine Rolle spielt, die Gesamtmenge und mithin der Wert des Geldes zum Teil, aber nur zum Teil von dem Gesamtvorrat (je nachdem) an Gold oder an Silber abhängt. Solche Länder werden uns nicht weiter beschäftigen.

Viertes Kapitel.

Bankgeld und Preisniveau.

1. Einige naheliegende Bedenken gegen Bankkredite. Wir sahen, daß selbst in einem Goldwährungslande, wo die Menge des Währungsgeldes durch das internationale Angebot und den internationalen Wert des Goldes reguliert wird, die gesamte Geldmenge zum Teil durch den Willen der Regierungen und Banken bestimmt wird. Wir wissen aber noch nicht alles, was wir darüber gern wüßten. Wozu schaffen Banken und Regierungen überhaupt Geld und wie führen sie ihre Entschlüsse betreffs der zu schaffenden Menge aus?

In diesem Kapitel wollen wir uns der Klarheit halber auf diejenige Geldart beschränken, die dem Volumen nach in den angelsächsischen Ländern vorherrscht, nämlich auf das Bankgeld. Vieles von dem, was zu sagen ist, kann mit den nötigen Einschränkungen auf das Bargeld angewendet werden, das von Regierungen und Banken anderer Länder in ähnlichen Mengen geschaffen wird. Wir können aber nicht alles auf einmal untersuchen; und ferner werden wir vielleicht, wenn wir uns auf das Bankgeld beschränken, mit unserer anderen ungelösten Frage weiterkommen — der Frage, wie Veränderungen der Geldmenge das Preisniveau beeinflussen —, einer Frage, deren Beantwortung, wie wir gesehen haben, davon abhängt, um welche Geldart es sich handelt.

Es sei daran erinnert, daß die Banken nicht das Bankgeld selbst, sondern nur die Scheckguthaben schaffen, aus denen das Bankgeld entsteht. Haben wir aber einmal das Verhältnis zwischen Scheckguthaben und Bankgeld richtig verstanden, so dürfen wir unbesorgt einfach von Bankgeldschaffung durch die Banken sprechen. Zu welchem Zwecke schaffen also die Banken das Bankgeld?

Die Antwort darauf lautet, daß die große Masse des Bankgeldes ihre Entstehung dem Wunsche verdankt, den im I. Kapitel, Abschn. 4 beschriebenen dritten großen Vorzug des Geldes auszunutzen — seine Eignung zur Grundlage für Vorauszahlungen aller Art. Bankgeld entsteht aus Krediten, die die Bank den Unternehmern zu produktiven Zwecken gewährt. Ein Landwirt z. B., der seinen Weizen in Jahresfrist zu ernten gedenkt, wendet sich wegen eines Kredits von 1000 £ an die Bank; die Bank räumt ihm ein

Scheckguthaben von 1000 £ ein, gibt ihm also das Recht, sobald und soweit er es braucht, Bankgeld bis zum Betrage von 1000 £ zu schaffen. Innerhalb dieser Grenze zieht der Landwirt Schecks (d. h. er schafft Bankgeld) nach Maßgabe seines Bedarfs für Arbeitsbeschaffung, für den Ankauf von Werkzeugen und für seine persönlichen Ausgaben. Nach Ablauf der zwölf Monate erntet er, verkauft das Getreide und zahlt der Bank seine Schuld zurück. Inzwischen wird er dafür von der Bank mit Zinsen belastet.

Für den praktischen Geschäftsmann hat dieser ganze Prozeß nichts Geheimnisvolles. Der in solchen Transaktionen unerfahrene Leser aber darf ungeniert gestehen, daß er sich ein wenig verwirrt fühlt. Sehen wir nämlich zu, was eigentlich geschehen ist. Wie durch einen Wink mit dem Zauberstab hat die Bank dem Landwirt und seinen Leuten für ein Jahr das Leben auf Kosten der übrigen Gesellschaft ermöglicht. Die Bank hat ihnen einen Anspruch auf das Realeinkommen der Gesellschaft an Eisenbahntransporten und Kinovorstellungen wie auf ihr Realeinkommen und ihre Vorräte an Nahrungsmitteln, Kleidung und Werkzeugen gegeben. Und für diese Dienstleistung belastet die Bank den Landwirt mit etwas, was sie Zins nennt. Das muß aber der Student wirklich haarsträubend finden. Er hat mit Mühe und Not gelernt, daß der Zins das Entgelt für Sparen ist, für das Ansammeln realer Güter und das Nichtanrühren derselben: und nun bekommt die Bank allem Anschein nach Zinsen für den Dienst der Geldschaffung, der an sich ein sehr schätzenswerter Dienst sein mag, aber gewiß kein Sparen darstellt. Hier drängen sich uns zwei Vorwürfe gegen die Bank auf: 1. daß sie, während sie scheinbar dem Landwirt Kredit gewährt, sich gar nicht darum kümmert, ob zu dem Zeitpunkte der Kreditgewährung irgendwelche realen Güter zum Ausleihen vorhanden sind; und 2. daß, während die Gesellschaft im ganzen sich Enthaltsamkeit auferlegen muß, damit der Landwirt und die Seinigen im Laufe der nächsten zwölf Monate in ihrem Unterhalt wie immer gesichert werden, die Bank es ist, die die Zinsen einsteckt.

2. Vorläufige Rechtfertigung der Bankkredite. Um uns von der Richtigkeit dieser Vorwürfe zu überzeugen, wollen wir zusehen, was in Wirklichkeit geschieht: 1. wenn der Landwirt seine Einkäufe macht, und 2. wenn er seine Ernte verkauft. Der Einfachheit halber wollen wir für einen Augenblick annehmen, daß es im Lande nur eine Bank und auch nur eine Handels- und Verkaufsorganisation, eine Art riesiger Großeinkaufsgenossenschaft gäbe. Dann muß also der Landwirt bei diesem, sagen wir Riesenkonsumverein — zum Teil mit Bankgeld und zum Teil mit Bargeld, teils direkt und teils auf dem Wege über seine Arbeiter — alle seine Einkäufe machen. Der Riesenkonsumverein zahlt das so empfangene Geld, sei es Bankgeld oder Bargeld, bei der Bank ein und kann sich somit bei ihr ein Scheckguthaben ansammeln. Dieses Scheckguthaben ist von demjenigen des Landwirtes, obwohl es aus diesem herrührt, dem Wesen nach verschieden, denn es ist nicht durch Kreditgewährung an den Konsumverein geschaffen worden, stellt vielmehr einen Anteilsanspruch auf das Einkommen der Gesellschaft dar, den der Konsumverein aus eigenem Recht besitzt. Wenn der Landwirt alle seine Einkäufe besorgt hat, dann ist sein Scheckguthaben verschwunden, und dasjenige des Konsumvereins ist um 1000 £ gewachsen.

Dieser selbe Konsumverein ist es aber auch, der letztlich die Ernte des Landwirtes kauft. Er tut dies, indem er den Landwirt mit einem Scheck auf 1000 £ bezahlt, den dieser der Bank zur Begleichung seiner Schuld weitergibt. Diese Transaktion vermindert das Scheckguthaben des Konsumvereins und damit auch die Gesamtdepositen der Bank um 1000 £. Nun wissen wir, daß die Bank bestrebt ist, irgendein konventionelles Verhältnis zwischen ihren Depositen und ihren Bargeldreserven aufrechtzuerhalten. Nichts von alledem, was geschehen ist, hat etwas an ihrer Ansicht darüber, wie dieses Verhältnis beschaffen sein soll, geändert. Es gab auch nichts, was die tatsächliche Höhe ihrer Reserven geändert hätte: denn wenn auch wahrscheinlich der Landwirt sein Guthaben bei der Bank in Form von Bargeld für Lohnzahlungen und für kleine

Einkäufe zum Teil abgehoben hat, so wird dieses Bargeld doch durch den Kassenschrank des Konsumvereins hindurch seinen Weg zur Bank zurückgefunden haben. Keinerlei Rücksicht auf ihre Reserven braucht also die Bank, sobald sie es vorteilhaft findet, davon abzuhalten, ihre Depositen durch Gewährung eines neuen Kredits von 1000 £ auf die alte Höhe anwachsen zu lassen. Und sie wird es zweifellos sehr vorteilhaft finden: denn jeder solche Kredit bringt Zinsen. Angenommen also, es käme ein rechtschaffener Schuhmachermeister, der um einen Kredit von 1000 £ nachsucht, um sich einen Ledervorrat anzulegen und Löhne zu zahlen, bis er seine Schuhe absetzen kann, so wird sein Verlangen bereitwillig erfüllt und die Schaffung von Bankgeld beginnt von neuem.

Der zweite Kredit ist also, was die Bank betrifft, aus dem ersten erwachsen, und seine Gewährung hat die Rückzahlung des ersten zur Voraussetzung. Was ist aber außerhalb der Bank geschehen? Besitzt die Volkswirtschaft Realersparnisse, akkumulierte reale Güter, die sie diesem zweiten Kredit gegenüberstellen könnte? Gewiß, nämlich die Getreideernte des Landwirtes. Diese Ernte befindet sich freilich nicht im Besitz des Schuhmachers, ja nicht einmal in dem der Bank; aber sie ist da. Der Schuhmacher braucht nichts davon zu wissen, und die Bank mag daran vergessen haben, aber sie existiert und wird den Schuster und seine Leute ernähren. (Freilich leben sie nicht von Brot allein, aber es handelt sich hier, wohlgemerkt, bloß um ein herausgegriffenes Beispiel.) Wegen der bloßen Existenz dieser Weizenernte wäre jedoch der zweite Kredit nicht geschaffen worden. Obendrein hat wahrscheinlich auch der erste Kredit ähnlichen Ursprung gehabt: denn in der Tat ist er nur in dem Sinne der *erste*, als wir gerade an dieser Stelle einen Schnitt in den unendlichen Kreislauf des Wirtschaftslebens zu machen beliebten, nicht aber in dem Sinne, daß wir versuchten, auf den Uranfang der Zeiten zurückzugehen. Solange das Kreditsystem der Banken in dieser Weise arbeitet, scheint unser erster Einwand, daß es nämlich keine Vorsorge für die Betätigung realen Sparens träfe, widerlegt zu sein. Die beiden Prozesse, das reale Sparen und die Bankgeldschaffung treten in diesem Falle Hand in Hand auf, durch reale, wenn auch unsichtbare und unbewußte Bande miteinander verknüpft.

Der Leser, der den auf S. 43f. beschriebenen Prozeß völlig verstanden hat, wird nun ohne weiteres selbst die Komplikationen erkennen, die in den obigen Gedankengang einzusetzen wären, um ihn auf das heutige Banksystem mit seiner Vielheit von Banken anwendbar zu machen, von denen jede ein Scheck- oder Giroguthaben bei der Notenbank unterhält. Was die Fiktion des einzigen Käufers anbelangt, so hat sie es uns ermöglicht, einen einzelnen Geschäftsvorgang bis ans Ende durchzudenken. Freilich sind in Wirklichkeit der Kaufmann, der die Ernte des Landwirtes kauft, und die Kaufleute, die die Vorräte für dessen Bedürfnisse halten, verschiedene Personen: und ferner gibt es zwischen diesen letzteren und dem Landwirt häufig eine ganze Kette von Zwischenhändlern, von denen jeder ein Scheckguthaben besitzt, das zuerst bei Eingang des vom Landwirt stammenden Bankgeldes anschwillt und dann durch dessen Abgang vermindert wird. Die Analyse eines Mustervorganges in unserem vereinfachten Beispiel gibt gewiß auch, wenn sie wahrheitsgetreu ist, eine wahrheitsgetreue Analyse aller ähnlichen Vorgänge im wirklichen Leben.

3. Der Zins für Bankkredite. Wie steht es nun mit unserer zweiten Beschuldigung, daß die Bank erntet, wo sie nicht gesät hat, und Zinsen nimmt, die das Entgelt für das Sparen anderer Leute sind? Diese erweist sich als nur zum Teil zutreffend. Nehmen wir wie vorhin an, es gäbe nur eine Bank und einen einzigen Konsumverein; nehmen wir ferner für einen Augenblick an, daß unser Bankgeld die einzige Geldart des Landes sei. Nun wird das Ersparen realer Güter offenbar vom Konsumverein, dem die Aufgabe der Güterakkumulation zukommt, besorgt: und er hat folglich (wie es in der Welt eingerichtet ist) ein Recht auf Zinsen, oder er wird seine Aufgabe jedenfalls nur erfüllen, wenn er ihn bekommt. Von wem kann er also den Zins bekommen? Jedenfalls nicht von dem Landwirt, der bereits an die Bank Zinsen entrichtet und nicht einsehen wird, warum er ihn zweimal zahlen soll. Kann der Konsumverein von der Bank Zinsen bekommen? Jawohl: die Bank wird ihm auf den Betrag seines Scheckguthabens Zinsen zahlen müssen, es sei denn, daß sie sich auf zweierlei gefaßt macht: entweder darauf, daß der Konsumverein den Bankbetrieb selbst übernimmt (was im ganzen gar nicht so unmöglich ist), oder daß das ganze System privaten Handels und Akkumulierens zusammenbricht, dessen Funktionieren für die Bank eine Lebensfrage ist. Die Bank leistet jedoch dem Konsumverein einen Dienst und wird ihm folglich nicht den gleichen Zinssatz gewähren, den sie vom Landwirt erhält: die Differenz zwischen dem Zinssatz, den die Bank erhält, und dem Zinssatz, den sie bezahlt, ist überhaupt kein wirklicher Zins im eigentlichen Sinne, vielmehr die Kostenvergütung dafür, daß die Bank als Vermittlerin zwischen Landwirt und Konsumverein tritt, d. h. für die Leistung bankmäßiger Dienste.

In der wirklichen Bankwelt wären die Kräfte, die die Bank zur Zinszahlung an den Konsumverein veranlaßten, offenkundiger und wirksamer. Sollte nämlich die Zinszahlung verweigert werden, so könnte er sein Scheckguthaben in Bargeldform herausziehen oder auf eine andere Bank übertragen: und die Wirkung auf die Bargeldreserven der Bank im ersten, auf ihr Scheckguthaben bei der Notenbank im zweiten Falle (vgl. S. 43f.) würde ihre Berechnungen über das Verhältnis der Reserven zu den Depositen ernstlich gefährden. Durch den Druck der Konkurrenz und die Angst um die Reserven wird die Bank tatsächlich gezwungen, auf ihre Depositen Zinsen zu zahlen. Das Entscheidende ist, daß die Bank unter *jedem* Banksystem, wenn sie Geschäfte machen will, gezwungen wäre, ihre Zinsbezüge zum Teil wieder aus der Hand zu geben. Nicht einmal ein lückenloses Bankmonopol könnte sich auf die Dauer den Versuch leisten, die Belohnung für das Sparen denjenigen, denen sie *zusteht*, schlechthin zu entziehen, wenn sie auch freilich eine sehr starke Position hätte, um die Provision für die bankmäßigen Dienste zu erhöhen und dadurch diejenigen auszubeuten, die das reale Sparen besorgen.

In Wirklichkeit ist freilich unser Riesenkonsumverein in eine Unmenge von Händlern, Spekulanten, Kapitalisten, (investors) usw. gespalten, deren Macht von den Banken Zinsen zu erzwingen, geringer ist als diejenige, die wir dem Riesenkonsumverein zugeschrieben haben. Denn sie stehen nicht nur in Wettbewerb miteinander, sondern die meisten von ihnen sind kleine Leute mit mäßigen und schwankenden Scheckguthaben, so daß die Banken wohl sagen können, daß sie mehr Mühe machen, als sie wert sind, und ihnen die Zinsen überhaupt verweigern. Solche Leute haben bei den Banken ein sogenanntes Scheckkonto (current account), das jederzeit in Bargeld umgewandelt werden kann, aber keine Zinsen trägt, nicht dagegen ein sogenanntes Depositenkonto (deposit account), das Zinsen trägt, aber [z. B.] nur mit siebentägiger Kündigung flüssig gemacht werden kann. Aus diesen Gründen ist die Spannung zwischen der Zinssumme, die die Banken empfangen, und der Zinssumme, die sie bezahlen, sehr beträchtlich, so beträchtlich, daß man sich nicht wundern darf, wenn wir auf den ersten Blick glaubten, die Banken hätten sich das Entgelt für das Sparen angeeignet, ohne die Leistung des Sparens zu vollbringen. Nun ist es klar, daß wir diesen Vorwurf zurücknehmen müssen; es ist aber auch klar, daß wir recht hatten, als wir vor dem Wort Zins zurückschreckten. Denn die Differenz zwischen der Zinssumme, die die Bank empfängt, und der Zinssumme, die sie bezahlt, ist der Preis, den die Gesellschaft nicht für den Dienst des Sparens, sondern für den Vorteil des besonderen Mechanismus bezahlt, mit dessen Hilfe ein Teil der angesammelten realen Ersparnisse der effektiven Verwendung zugeführt wird.

4. Ein stagnierendes Banksystem. Soweit wäre also alles in Ordnung. Ein Banksystem, das in der geschilderten Weise arbeitet, scheint tadellos geeignet zu sein, nicht nur die Räder der Industrie zu ölen, sondern auch ihren gleichmäßigen Gang zu wahren. Denn weder eilt die Schaffung des Geldes der Güterproduktion voraus, noch die Güterschaffung der Geldproduktion. Nun können wir uns aber der Erkenntnis nicht verschließen, daß dies nur unter der Voraussetzung gilt, daß die Gesellschaft, um die es sich handelt, stagniert, sich wirtschaftlich nicht weiterentwickelt. Wir Okzidentalen haben uns aber, mit Recht oder Unrecht, daran gewöhnt, einen solchen Zustand als abnormal anzusehen; wir neigen zu der Erwartung, daß der jährliche Ertrag an Gütern und Dienstleistungen aller Art von Jahr zu Jahr wachsen wird. Zum allermindesten ist mit der Möglichkeit solchen Wachstums zu rechnen. Wie soll aber unser Banksystem alljährlich die zusätzliche Geldmenge (increment of money) schaffen, die diesem alljährlichen Güterzuwachs (increment of goods) entspricht, wenn es das geheiligte Verhältnis zwischen Reserven und Depositen, das die Grundlage all seiner Berechnungen bildet, nicht verletzen soll? Ohne zunächst näher darauf einzugehen, wie sich diese wachsende Disharmonie zwischen Geldvolumen und Gütervolumen äußert, dürfen wir bereits die Vermutung hegen, daß sie den gleichförmigen Gang der Produktion irgendwie stören wird; und es drängt sich der Verdacht auf, daß ein Banksystem der beschriebenen Art, das durch mehr oder weniger feste Regeln an eine mehr oder weniger feste Bargeldreserve gebunden ist, nicht imstande sein würde, den Anforderungen einer in Entwicklung begriffenen Volkswirtschaft (progressive industrial society) zu genügen.

Nun gibt es viele Leute, nach deren Ansicht eine Anklage dieser Art [insbesondere] gegen das englische Banksystem sehr wohl vorgebracht werden kann. Jahraus jahrein erscheinen [in England] ununterbrochen Bücher und Leitartikel, die zu beweisen suchen, daß Industrie und Handel beeinträchtigt werden durch die Schwerfälligkeit in der Schaffung zusätzlichen Geldes, die dem kontinuierlichen Wachstum des realen Reichtums in einer sich entwickelnden Volkswirtschaft hätte folgen müssen. Wir werden diese Meinung schwerlich teilen können. Erstens gibt es, wie jetzt gezeigt werden soll, gewisse, dem Banksystem innewohnende Tendenzen, die es dazu verleiten, in der Schaffung zusätzlichen Geldes eher zu freigebig als zu maßhaltend zu sein. Zweitens ist, was den rein historischen Tatbestand anbetrifft, selbst wenn wir die letzten neun Jahre außer acht lassen, die Möglichkeit der Geldschaffung durch Banken im ganzen ungeheuer gewachsen, und zwar aus zwei Gründen. Erstens haben die Banken mit Hilfe verschiedener Einrichtungen — Konzentration, Abrechnungsverkehr, Scheck- bzw. Giroguthaben bei der Notenbank — ununterbrochen Mittel und Wege gefunden, um an Reserven zu sparen und auf einer gegebenen Grundlage von gesetzlichen Zahlungsmitteln ein größeres Bankgeldgebäude zu errichten. Zweitens hat die zu ihrer Verfügung stehende Kurantgeldmenge im ganzen fortdauernd wachsende Tendenz gehabt. Eine Ausnahme bilden vielleicht die siebziger und achtziger Jahre des vorigen Jahrhunderts: im ganzen aber und insbesondere nach den Erfahrungen der letzten Jahre ist es geschichtlich wohl kaum berechtigt, das bestehende Banksystem der Schwerfälligkeit in der Produktion von Geld zu beschuldigen.

Es kann jedoch mit Recht betont werden, daß dies einer Reihe historischer Tatsachen zu verdanken ist, auf deren Wiederholung man nicht rechnen kann. Es geht also nicht an, diejenigen, die *mehr* Geld verlangen, einfach als Verkünder offensichtlichen Unsinns abzutun, wie es häufig durch reichlich selbstsichere Leute geschieht, die sich rühmen, Anhänger einer *gesunden Währung* (sound money) zu sein. Die Ketzer scheinen es schärfer als manche *orthodoxen* Nationalökonomen und als manche Praktiker erfaßt zu haben, daß die Schaffung eines wirklich zweckentsprechenden Geldumlaufs primär durch die Bedürfnisse des Verkehrs und nicht durch irgendwelche im Grunde [scheinbar] irrelevante Dinge, wie die Menge eines einzelnen Metalls, geregelt werden sollte. Wir müssen also zusehen, was in einer fortschreitenden Volkswirtschaft geschieht, wenn das Banksystem in der Schaffung zusätzlichen Geldes über Gebühr zurückhaltend wäre.

5. Die Argumente zugunsten der Schaffung zusätzlicher Bankkredite. Diese Analyse bringt uns endlich dem so lange zurückgestellten Problem näher, der Frage, wie Gütermenge, Bankgeldmenge und Preisniveau zusammenhängen. Es gibt nun einen Grundsatz, den man sich nicht scharf genug einprägen kann, wenn man diesem Problem näherkommen will. Die Wirtschaftstheorie ist, wie es in einer berühmten Definition heißt, die Lehre vom Menschen im täglichen Geschäftsleben (the study of mankind in the ordinary business of life), und die kausale Erklärung einer Tatsache wirtschaftlicher Art kann unmittelbar nur in Entschlüssen liegen, die von Menschen oder von Menschengruppen gefaßt wurden. Wie es damit in der Physik auch stehen mag, in der Wirtschaftslehre gibt es so etwas wie Fernwirkung nicht. Und die Preisbestimmung bildet von dieser Regel keine Ausnahme. Der Preis eines Gutes fällt nur, weil jemand, der es besitzt, sich entschließt, weniger Geld dafür zu nehmen, oder weil ein anderer, der es begehrt, sich nicht entschließt, so viel dafür zu bieten. Und der Preis eines Gutes kann nur steigen, weil sich jemand, der es begehrt, entschließt, mehr Geld zu bieten, oder weil ein anderer, der es besitzt, entschlossen ist, es nicht so billig herzugeben. Die Geldmenge und die Gütermenge beeinflussen das Preisniveau nicht durch irgendwelche okkulten Zusammenhänge: sie beeinflussen es, indem sie auf Fähigkeit oder Bereitwilligkeit der Menschen, zu kaufen oder sich vom Kauf zurückzuhalten bzw. zu verkaufen oder sich vom Verkauf zurückzuhalten, einwirken. Das alles ist selbstverständlich, man hält es sich aber nicht immer vor Augen.

Die Anwendung des Grundsatzes auf unseren praktischen Fall ist einfach. In einer Volkswirtschaft, in der das Güterangebot von Jahr zu Jahr wächst, während das Geldangebot unverändert bleibt, würde die Gütermenge in den Händen der Güterverkäufer zunehmen, während die Gesamtmenge an Kaufkraft in Händen der Güterkäufer unverändert bliebe: so daß also die Verkäufer, um zu verhindern, daß sich in ihrem Besitz Güter anhäufen, deren sie persönlich nicht bedürfen, gezwungen wären, dieselben zu einem billigeren

Preise abzugeben. Mithin würden die Preise fallen, aus einem der beiden einzig möglichen Gründe, aus denen Preise fallen können, weil nämlich die Besitzer der Güter bereit wären, für dieselben von nun an weniger Geld anzunehmen.

Was können aber die Banken tun, um das zu verhindern? Darauf gibt es nur eine Antwort. Zwar müssen die Bankiers leben, und die Bankbeamten müssen Feder und Tinte haben: das Ausmaß aber, in dem die Banken selbst Güterkäufer sind, ist im Vergleich zu der Gesamtheit geschäftlicher Transaktionen verschwindend klein. Folglich können die Banken nennenswerte Mengen zusätzlichen Geldes nur durch Kreditgewährung schaffen. Indem sie den Güterkäufern mehr Geld borgen, können sie den Preisen eine steigende Tendenz verleihen, und zwar aus einem der beiden möglichen Gründe, aus denen Preise steigen können — weil diejenigen, die Güter begehren, in der Lage oder bereit sind, für dieselben mehr Geld zu bieten. Und indem sie die Menge ihrer zusätzlichen Kredite so regulieren, daß die gegensätzlichen Tendenzen einander aufheben, können die Banken die Stabilität der Preise und die Gleichmäßigkeit des Verkehrs sichern.

Nun wollen wir uns den Vorschlag näher ansehen, den die Inflationisten (more money enthusiasts) manchmal vorbringen — daß jede zusätzliche Gütermenge, die in einem Lande auftritt oder erwartet wird, eine entsprechende zusätzliche Geldmenge ins Leben rufen sollte, — mit anderen Worten, daß es dem derzeitigen oder zukünftigen Besitzer der zusätzlichen Güter ermöglicht wird, auf Grund derselben sich bei einer Bank nach Maßgabe der jeweiligen Preise bis zur Höhe ihres vollen Wertes Kredit zu verschaffen. Wohlgemerkt, wir wollen auf keinen Einwand hören, den die Bank wegen der Wirkung auf ihre Bargeldreserven erheben würde: wir sind daran, das ganze System von Grund auf zu revidieren, und wir müssen darauf gefaßt sein, nötigenfalls für eine Revision der Gesetze und Gewohnheiten bezüglich der gesetzlichen Zahlungsmittel einzutreten. Uns interessiert die Frage, was von dem fraglichen Vorschlag als Wirkung auf die

Stabilität des Geldwertes und auf die Stetigkeit von Produktion und Verkehr zu erwarten ist.

Wir wollen ein ganz einfaches Beispiel nehmen. Angenommen, zwei Herren, Herr Eiermann und Herr Orangenmann kommen auf einem Aeroplan aus entgegengesetzten Richtungen an, der eine nur mit ein paar Eiern, der andere mit ein paar Orangen in der Tasche: und der Tagespreis für Eier wie für Orangen sei je 6 d. Nehmen wir ferner an, daß jeder Flieger, nachdem er die Hälfte seines Vorrats aufgegessen hat, froh wäre, den Rest gegen den Überschuß des anderen auszutauschen; daß sie aber zu zivilisiert und zu geübt sind in modernen Geschäftsmethoden, um direkt zu tauschen. Nichts wäre dann klüger, als daß sie beide an die Tür der nächsten Bank klopften, dem Bankier die Ware vor die Nase hielten und ihn überredeten, jedem von ihnen ein Scheckguthaben über 6 d einzurichten. Dann geben sie einander gegenseitig Schecks über je 6 d zur Zahlung ihrer Ware, und jeder zahlt prompt seiner Bank die Schuld zurück. Alle Teile sind befriedigt. Die beiden Flieger brauchen nicht inmitten der Fülle Hungers zu sterben: der Rest des Landes führt seine Geschäfte ungestört weiter, denn die furchtbare Krise, die auf dem Eier- und dem Orangenmarkt sonst eingetreten wäre, ist vermieden worden. Und die Bank hat ihre Pflicht erfüllt, die Räder des Verkehrs zu ölen — und kriegt vielleicht als Entgelt die Eier- und die Orangenschalen. Der Vorschlag der Inflationisten scheint vollauf berechtigt zu sein.

6. Bedenken gegen zusätzliche Bankkredite. Eine kurze Überlegung zeigt jedoch, daß dieser Verlauf nicht der einzig mögliche und vielleicht auch nicht der typische ist. Nehmen wir jetzt an, Herr Orangenmann sei gar kein Luftfahrer, sondern ein ortsansässiger Krämer, so daß seine Orangen nicht wie die Eier des Herrn Eiermann einen Reinzuwachs zu der Gütermenge des Landes bilden. Nehmen wir ferner an, daß nur Herr Eiermann bei der Bank borgt, um seinen Einkauf zu bewerkstelligen. Dann wird Herr Orangenmann den Scheck des Herrn Eiermann bei der Bank einzahlen und aus eigenem Recht einen Scheck gleichen Betrages ausstellen können, um damit die Eier des Herrn Eiermann zu kaufen. Was ist in diesem Falle geschehen? Das Volumen der Bankkredite und das Volumen der (zu den bislang üblichen Preisen berechneten) austauschbaren Güter sind beide um 6 d vermehrt worden: aber die Menge verfügbaren Geldes ist um 1 sh vermehrt worden — nämlich um die beiden Schecks zu je 6 d. Die Stabilität der Wirtschaft und der Preise ist gestört worden; denn während die erhöhte (Geld-) Nachfrage des Herrn Orangenmann nach Eiern durch erhöhtes Angebot an Eiern ausgeglichen wurde, ist die erhöhte (Geld-) Nachfrage des Herrn Eiermann nach Orangen nicht durch erhöhtes Angebot an Orangen ausgeglichen worden: und der Orangenpreis wird folglich steigende Tendenz haben.

Wir wollen unser Beispiel noch einen Schritt weiter führen. Angenommen, Herr Eiermann kauft wie vorhin, nachdem er seinen Kredit in Anspruch genommen hat, die Orange des Herrn Orangenmann, stellt aber sein Ei in den Eisschrank und weigert sich, es zu verkaufen. Dann wird Herr Orangenmann sein Scheckguthaben zum Ankauf (sagen wir) von Zigaretten bei seinem Nachbar, Herrn Tabakmann, benutzen, und Herr Tabakmann seinerseits wird bei Herrn Bäckermann ein Brot kaufen usw. Das Scheckguthaben, das aus dem Kredit für Herrn Eiermann entstanden ist, wird seinen Besitzer nicht einmal (wie in unserem ersten Beispiel) und nicht zweimal (wie in unserem zweiten Beispiel), sondern öfters wechseln.

Daraus folgt, daß die Schaffung zusätzlicher Bankkredite im vollen Betrage eines Zuwachses zum Güterangebot die verfügbare Geldmenge, im Vergleich zum Wachstum der verfügbaren Gütermenge, übermäßig steigern kann; die Kaufkraft der Käufer wird dadurch in höherem Maße gesteigert als die Bereitwilligkeit der Verkäufer zum Verkauf, und das Preisniveau wird folglich steigende Tendenz haben. Der Grund liegt an der uns wohlbekannten Zirkulationsgeschwindigkeit bzw. an dem eigenartigen Verhältnis zwischen Scheckguthaben und Schecks. Die Geldvermehrung wäre nur dann ganz unbedenklich, wenn die durch den Bankkredit geschaffenen Geldbeträge nur einmal den Besitzer wechselten, oder genauer gesagt, wenn sie den Besitzer nur so oft wechselten wie die Güter selbst, die die Kredite veranlaßt haben.

Dies ist jedoch in der Regel nicht der Fall: denn es ist die dritte und letzte Version der Geschichte von Herrn Eiermann, die den Verhältnissen des wirklichen Lebens am nächsten kommt. In Wirklichkeit muß nämlich der Bankkredit, wenn er dem Kreditnehmer überhaupt nützen soll, geschaffen werden, ehe seine zusätzlichen Güter verkaufsreif sind. Der Mann, der von einer Bank Kredit beansprucht, gleicht in der Regel nicht unserem ursprünglichen Pilotenpaar, das verkaufsreife Güter bereit hatte, aber durch rein technische Schwierigkeiten aufgehalten wurde. Er ist vielmehr einer, dessen Produkte nicht zum unmittelbaren Verkauf bereitstehen. Ist er Ladenbesitzer, so hat er sie in seinem Schaufenster stehen, als Importeur hat er sie auf hoher See, beim Landwirt stehen sie noch auf dem Halm, als Erfinder hat er sie noch in seinem Kopf: es sind dies lauter Gradunterschiede. Jedenfalls geht, während die Güter entstehen, das auf Grund derselben geschaffene Geld auf Reisen, wandert von einem Scheckguthaben zum anderen und ist überall, wo es hinkommt, bestrebt, die Preise zu steigern, indem es die Bereitschaft der Leute, Güter zu kaufen, steigert.

Mithin leben durch diese ganzen zusätzlichen Kredite die Verdachtsgründe, die wir im Abschnitt 1 gegen die Banken vorbrachten, wieder auf. Denn es ist richtig, daß die Banken bei zusätzlichen Krediten Geld „leihen“, ohne sich zu vergewissern, ob im Augenblick der Kreditgewährung irgendwelche realen Güter zum Herleihen da sind. Es muß nicht notwendig eine entsprechende Güterakkumulation vorausgehen wie bei der Weizenernte des Landwirtes in unserem ursprünglichen Beispiel. Und wenn dem so ist, dann ist alles Sparen, das wirklich erfolgt, während des Umlaufes der kreditierten Summe sozusagen aus dem Stegreif und in elfter Stunde besorgt worden, und zwar von Leuten aus dem breiten Publikum, die den Wert ihres

Geldes vermindert und sich dadurch gezwungen sehen, auf Konsum zu verzichten, den sie sonst genossen hätten. In der Tat wird die Gesellschaft durch die Extrakaufkraft, die den Kreditnehmern in die Hände gespielt ist, gezwungen, ihr laufendes Einkommen und ihre Vorräte an realen Gütern mit jenen zu teilen. Gewiß wird sich der zusätzliche Kredit nach und nach wohl rechtfertigen lassen, indem er den Zufluß an realen Gütern fördert; und je kürzer die Zeit bis zum Fertigwerden der neuen Güter und zur Rückzahlung des Kredites, um so weniger Anlaß wird das durch den Kredit hervorgezauberte Geld haben, diesen Amoklauf zu rennen. Solange er jedoch aussteht, hat der Kredit den Charakter einer Steuer oder eines Zwangssparens, das vom Kreditnehmer und von der Bank gemeinsam dem großen Publikum aufgezwungen wird. Und wenn der Kredit auch einigermaßen dem vollen Betrage des erwarteten Güterwertes entspricht, so werden die Güter, selbst wenn sie auf den Markt kommen, keinen so großen Einfluß in der Richtung fallender Preise ausüben wie inzwischen das Geld, das in Vorwegnahme derselben geschaffen wurde, in der Richtung steigender Preise ausgeübt hat.

Auch den üblichen Vorzug von Zwangsanleihen, daß sie nämlich keinen vollen Zins tragen, besitzt dieser Zwangskredit nicht. Wir wissen ja, daß der Kreditnehmer der Bank Zinsen zahlt, die die Bank zum Teil an andere weitergibt. Der Zins geht jedoch nicht notwendig an diejenigen, die sich unter dem Druck steigender Preise wirklich vom Konsum *enthalten*. Die Wirkung eines zusätzlichen Bankkredites kann darin bestehen, daß sich die Gesellschaft zeitweilig Enthaltsamkeit auferlegen muß, um nicht nur für den Kreditnehmer, sondern auch für den Geldzinsempfänger die gewünschten Güter bereitzustellen.

Es darf daraus nicht geschlossen werden, daß jede Vergrößerung des Bankkreditvolumens notwendig diese Folgen haben müßte. Sie sind aber mögliche und gewiß auch wahrscheinliche Folgen eines jeden zusätzlichen Bankkredites, dessen Höhe nach dem Güterzuwachs, den der *Kreditnehmer* zu erwarten hat, bemessen wird, ohne

Rücksicht auf die zusätzliche Gütermenge, die sich bereits in Händen anderer Leute befindet und die er kaufen kann; und insbesondere eines jeden zusätzlichen Bankkredites, dessen Betrag irgend dem vollen Werte des bei gegebenen Preisen berechneten Güterzuwachses entspricht, den der Kreditnehmer zu erwarten hat. Unsere Inflationisten haben durchaus recht, wenn sie verlangen, daß zur Sicherung der Preis- und Produktionsstabilität das Volumen der Bankkredite stetig erhöht werden soll, um den Bedürfnissen des Verkehrs gerecht zu werden: der simple Mechanismus, mit dessen Hilfe sie die beiden, Zweck und Mittel, verbinden wollen, ist aber undurchführbar und gefährlich.

7. *Die Tendenz zu übermäßiger Geldschaffung im bankmäßigen Kreditverkehr.* Angesichts dessen, was wir über zusätzliche Kredite gelernt haben, wollen wir nun wieder den Blick auf das Beispiel werfen, mit dessen Hilfe wir im Abschnitt 2 unter demselben Gesichtspunkt der Stabilität den Fall einer Bankpolitik dargestellt haben, die in einer stationären Volkswirtschaft das Volumen der Kredite unverändert halten sollte. Es wird nun klar, daß jener zweite Kredit — der Kredit an den Schuhmacher — nicht durch die Tatsache (die der Bank genügte), daß er vom selben Betrag wie der erste war, und auch nicht durch die Tatsache (die dem Schuhmacher genügte), daß er ungefähr dem erwarteten Verkaufswert des Produktes entsprach, gerechtfertigt wurde: er war lediglich durch die Annahme gerechtfertigt (die zu verifizieren niemandem oblag), daß man mit seiner Hilfe ein stabiles Verhältnis zwischen dem verfügbaren Geld und den verfügbaren Gütern aufrecht erhalten würde. Wenn aber (wie es wahrscheinlich der Fall ist) Schuhe weniger oft den Besitzer wechseln als Weizen, so wäre diese Annahme nach der einen Richtung widerlegt — die durchschnittliche Häufigkeit, mit der die Güter auf den Markt kommen, würde niedriger sein, und das allgemeine Preisniveau würde steigende Tendenz haben. Wenn jedoch (wie es ebenfalls wahrscheinlich ist) die Schuhe in kürzerer Frist auf den Markt gebracht werden könnten als der Weizen,

so daß der neue Kredit etwa in sechs Monaten statt in einem Jahre zurückgezahlt werden könnte, so wäre die Annahme nach der anderen Richtung widerlegt — die durchschnittliche Häufigkeit, mit der die Güter auf den Markt kommen, würde steigen und das allgemeine Preisniveau fallende Tendenz haben. Es ist freilich möglich, daß bei den gewählten Beispielen und erst recht bei einer großen Zahl ähnlicher Transaktionen diese Kräfte sich gegenseitig aufheben würden: wir haben jedoch kein Recht, dies mit Bestimmtheit anzunehmen. Auf eine Politik der „neuen Kredite für alte" könnte man sich selbst in einem stationären Gemeinwesen nicht verlassen, wenn man die Stabilität des Geldwertes gesichert sehen will: es können daraus Schwankungen nach der einen oder anderen Richtung erwachsen.

Wie in Abschnitt 4 angedeutet, geht im ganzen die dem bankmäßigen Kreditsystem innewohnende Tendenz eher auf eine zu rasche als auf eine zu langsame Bankgeldschaffung, und zwar aus drei Gründen: Erstens übt das grenzenlose Vertrauen der menschlichen Natur zur eigenen Leistungsfähigkeit und -kraft einen konstanten Druck zur Schaffung zusätzlicher Kredite auf die Banken aus. Zweitens wird eine Volkswirtschaft in dem Maße, wie sie reicher wird, naturgemäß bestrebt sein, einen stetig wachsenden Bruchteil ihrer Reichtumsquellen in Bauten und Kapitalgütern aller Art anzulegen, die einer langen Frist bedürfen, bis sie Früchte bringen, und, wie der Bankier zu sagen pflegt, sein Geld für lange Zeit festlegen; obwohl es, wie wir gesehen haben, in Wirklichkeit die Güter sind, die festgelegt werden, und nicht das Geld, welches so wenig festliegt, daß es in der City umläuft. Drittens ist die Bank naturgemäß in Versuchung, jede Gelegenheit zur Steigerung ihrer Zinseinnahmen zu ergreifen. Nun bedeutet die Schaffung zusätzlicher Bankkredite zusätzlichen Zins: und die Substituierung eines langfristigen für einen kurzfristigen Kredit bedeutet normalerweise höheren Zins, weil der Vorteil für den Kreditnehmer größer ist. Freilich hat die Bank den erhaltenen Zins zum Teil weiterzugeben; das geschieht aber nicht sofort und wird nicht immer klar vorhergesehen. Denn wenn die Bank dem Landwirt einen zusätzlichen Kredit von 1000 £ gewährt, belastet sie ihn sofort mit Zinsen und erhebt diese aus einer einzigen und offen ersichtlichen Quelle: wenn dagegen jene 1000 £ die Scheckguthaben der Leute auffüllen, von denen der Landwirt Güter kauft und an die die Bank Zinsen zahlt (oder für die sie statt dessen Dienste leistet), so spielt sich das nach und nach, stoßweise und verdeckt ab. Die Schaffung zusätzlicher Kredite ist mithin für die Bank im ganzen gewinnbringend und kann ihr sogar noch gewinnbringender erscheinen, als sie es in Wirklichkeit ist.

Freilich wird auch die Bank eventuell in einer anderen Weise bestraft. Denn ein beträchtlicher Teil ihres eigenen Kapitals ist möglicherweise in Staatspapieren angelegt, die einen festen Zins in Geld bringen: und solche Effekten verlieren mit der Expansion der Bankkredite und dem Steigen der Preise und der Unternehmergewinne (vgl. S. 10) an Reiz für den Kapitalisten, und ihr Marktwert stürzt, wodurch eine Verminderung der Aktiva der Bankbilanz entsteht, die aus laufenden Gewinnen aufgefüllt werden muß. Es ist aber klar, daß die inflationistische Kreditpolitik dadurch nur sehr beschränkt, nachträglich und indirekt gehemmt wird[1]).

8. Die Kreditpolitik der Banken. Nun sind sich die Bankiers als kluge und ehrenwerte Praktiker dieser Versuchungen voll bewußt und auch ängstlich bestrebt, ihnen zu widerstehen. Wären sie völlig allwissend, so könnten sie vielleicht aus den Wünschen der Inflationisten das Berechtigte und das Unberechtigte herausschälen und ihre Kredite nach Menge, Qualität und Befristung den Bedürfnissen des Verkehrs so anpassen, daß die Stabilität des Geldwertes und der gleichmäßige Lauf der Produktion gewahrt bliebe. Die dazu erforderlichen Berechnungen wären jedoch, wie schon das einzige Beispiel vom Landwirt und

[1]) Zumal wenn — wie in England neuerdings — die Staatsschuldverschreibungen (im Gegensatz zu den alten Konsols) früher oder später zum Nennwert rückzahlbar sind.

Schuhmacher zeigt, äußerst kompliziert und würden ein Maß an Voraussicht und Urteilsfähigkeit wie auch an statistischen Kenntnissen erfordern, das heutzutage niemand besitzt. Es kann folglich nicht wundernehmen, wenn unser ehrenwerter Bankier einen instinktiven Abscheu vor den Stimmen der Mehrgeldsirenen empfindet und sich an die beiden Dinge klammert, die er wirklich versteht, indem er sich an den Mast der angemessenen Reserven binden und seine Ohren mit dem Wachs der guten Deckung (good collateral) zustopfen läßt. Von den ersteren ist schon genug gesagt worden; das zweite bedarf ein paar Worte der Erklärung.

Wird ein englischer Bankier um Kredit angegangen, so pflegt er scheinbar nicht immer in erster Linie den Zweck, für den der Kredit verwendet werden soll, ins Auge zu fassen. Viel eher wird er einen greifbaren Beweis dafür verlangen, daß der Kreditnehmer Sachgutbesitzer ist (is a man of substance), sei es, daß er Grundbesitz oder börsengängige Wertpapiere — sogenannte Deckungen (collaterals) — hat, die der Bankier verkaufen kann, falls der Kreditnehmer die Rückzahlung versäumen sollte, und die ihrer Natur nach in keiner notwendigen Beziehung zu der Unternehmung stehen, in die der Kreditnehmer verwickelt ist. Das gilt nicht für jede Kreditgewährung, die durch oder mit Hilfe von Banken erfolgt: insbesondere gilt es nicht für jene Kreditform, die den Zweck hat, bereits vorhandene Güter auf den Markt zu bringen, und die als Diskontierung von kaufmännischen Wechseln bekannt ist. Es gilt aber für einen großen Teil der Bankkredite. Und es ist eine Methode, die große Vorzüge hat, erstens indem die Sicherheit geboten wird, daß das Geld nicht in die Hände von puren Abenteurern und Strohmännern kommt, zweitens indem jedes sog. „tied house" System[1]) — jene enge Verwobenheit von

[1]) Tied house system: Finanzielle Kontrolle und Beherrschung des Schankgewerbes durch die Brauereien (als Kreditgeber) in England. Vgl. C. W. v. Wieser: Der finanzielle Aufbau der engl. Industrie, Jena 1919, S. 205 ff. Der Ausdruck wird hier im erweiterten Sinne für die Abhängigkeit der kreditnehmenden Industrie vom Kreditgeber gebraucht. (Anm. des Herausgebers.)

Bank- und Industrieinteressen — verhindert wird, das in manchen Ländern schließlich die ganze Industrie unter die Herrschaft des Finanzkapitals gebracht hat. Unter unserem Gesichtspunkt der Stabilität hat dagegen die Methode offenbar schwere Nachteile, indem sich nämlich der Bankier der Wirkungen, die seine Kredite auf den Wert des Geldes und die Stabilität der Produktion ausüben, häufig nicht genügend bewußt wird. Nichtsdestoweniger ist sie eines der natürlichen Abwehrmittel des Bankiers gegen jene Sirenenstimmen.

In den letzten Jahren aber ist das Unglück geschehen. Der Mast, an den der Bankier sich binden ließ, erhob sich plötzlich vom Schiffsdeck und trug ihn zu den gefürchteten Stimmen hinüber: das Wachs, mit dem er seine Ohren füllen ließ, wurde zu einem vorzüglichen Schalleiter. Die Einrichtungen, die ihm zum Heil gereichen sollten, wurden ihm zu Fallstricken. Es mag paradox erscheinen, und doch ist es wahr, daß es gerade des Bankiers Abscheu vor übermäßiger Geldschaffung war, der ihn in der fürchterlichen Inflationsorgie zu einem so gefälligen Partner der Regierung zu Kriegsbeginn und der Unternehmerwelt bei Friedensbeginn werden ließ.

Wie das gekommen ist, das soll im nächsten Kapitel kurz erzählt werden. Unsere Analyse des bankmäßigen Kreditsystems enthielt bisher wenig, was nicht im Jahre 1914 hätte geschrieben werden können, und vielleicht auch wenig, was im Jahre 1940 veraltet sein wird. Die Methoden der Bankkreditgewährung und die Wege, auf denen sie die Preise beeinflußt, sind in breiter Allgemeinheit dargelegt worden, weil sie stehende Züge eines jeden modernen Banksystems sind. Es wird sich jedoch empfehlen und vielleicht auch interessanter sein, auf Details, insbesondere auf die Rolle des gesetzlichen Zahlungsmittels, einzugehen und zum Schluß einige Spezialfragen ins Auge zu fassen, die heutzutage das Denken der Praktiker und die Feder der Journalisten beschäftigen. Die Analysen in diesem und den vorangehenden Kapiteln sollen dabei benutzt und angewandt werden: denn mag es auch nur wenige geben, die heute die Behauptung wagen würden, die Ricardo vor einem Jahrhundert gewagt hat, daß „die wahren Grundsätze der politischen Ökonomie niemals veralten, und diejenigen, die diese Wissenschaft nicht verstehen, besser täten, nicht hineinzureden" — so pflegen doch jene Grundsätze auch da in Erscheinung zu treten, wo sie kaum erwartet werden, und Streitfragen aufzuhellen, für die sie gar nicht berechnet waren.

Fünftes Kapitel.

Der Krieg und das Preisniveau[1]).

1. Gütermenge und Preisniveau. Die erste Streitfrage, der wir uns zuwenden, ist reichlich abgedroschen. Warum war das Preisniveau in England im Frühjahr 1920 so viel höher als vor dem Kriege? Zur Beantwortung dieser Frage gehen wir am besten von einer Erklärung aus, die auf vielen Seiten Anklang gefunden hat, daß nämlich die Preissteigerung hauptsächlich oder ausschließlich durch die große Vermehrung des Bargeldvolumens zu erklären sei, die die britische Regierung durch die Schaffung von [uneinlöslichen] Treasury Notes (Schatzscheinen), weit über die aus dem Verkehr gedrängte Menge von Goldmünzen hinaus, hervorgerufen habe.

Einige amtliche Ziffern, die kurz nach Friedensschluß veröffentlicht wurden, bestätigten diese Ansicht auf den ersten Blick in recht auffallender Weise. Nach diesen Ziffern stand im August 1919 die Bargeldmenge um 144%, das Niveau der Großhandelspreise um 157,2% und das Niveau der Nahrungsmitteldetailpreise um 117% über dem Vorkriegsniveau. Das Nachhinken der Kleinhandelspreise für

[1]) Im folgenden wird der Inflationsprozeß in einem Lande mit mäßiger Geldvermehrung analysiert. Die Wahl Englands als Beispiel für die theoretische Betrachtung rechtfertigt sich schon dadurch, daß die Entwicklung z. B. in Deutschland wesentlich durch außerökonomische (politische) Faktoren gestört war und weil gewisse Zusammenhänge nur bei mäßiger Inflation in Erscheinung treten. (Anm. des Herausgebers.)

Nahrungsmittel schien natürlich, wenn auch nur angesichts der Zwangsbewirtschaftung (government control): spätere Ziffern deuteten jedoch auf einen engeren Zusammenhang des Bargeldvolumens mit den Detail- als mit den Großhandelspreisen hin. So stand im März 1920 das Bargeldvolumen um 150% über seinem Niveau bei Kriegsausbruch, während die Großhandelspreise um 221,8% und die Kleinhandelspreise um 135% über dem Vorkriegsniveau standen.

Diese Ziffern sind, wenn man die allen Indexzahlen innewohnenden Schwächen und zahlreichen Fehlerquellen berücksichtigt, sicherlich bemerkenswert, zumal sie gleichzeitig mit Ziffern für andere Länder herauskam, die in manchen Fällen ebenso auffallend waren. Freilich ist aber ein noch so enger Zusammenhang zwischen zwei Erscheinungen offenbar noch kein Beweis dafür, daß sie sich wie Ursache und Wirkung verhalten. Wir wollen also die Einwände ins Auge fassen, die gegen diese sogenannte Inflationstheorie zur kausalen Erklärung der Preissteigerung erhoben werden können.

Der erste Einwand ist sehr einleuchtend. Die Theorie berücksichtigt, wenigstens in ihrer radikalsten Fassung, nicht die Veränderungen in der Nachfrage nach Geld, d. h. im Umsatzvolumen, das mit Hilfe des Geldes bewältigt werden soll. Nun war dieses Volumen im Frühjahr 1920 kleiner als vor dem Kriege, und zwar aus zwei Gründen. Erstens aus dem weniger wichtigen Grunde: weil jedes Gut im Durchschnitt den Besitzer noch etwas seltener gewechselt hat als früher. Das galt zweifellos für die Kriegszeit, und zwar wiederum aus zwei Gründen[1]): a) weil eine Unmenge von Gütern ausschieden, die nur einmal den Besitzer wechselten: mit Militärdienst z. B. konnte nicht gehandelt werden, und Armeepferde und Munition waren selten Gegenstände des Wiederverkaufs, wenn auch Proviant und Pferdedecken es hin und wieder gewesen sein mögen; b) es wurden dank des Druckes, den die Regierung auf die Spekulation ausübte, viele Güter, die normalerweise viele Male gekauft und ver-

[1]) Vgl. Lehfeldt in Economic Journal, März 1918, S. 111.

kauft werden, wie Kupfer und Weizen, nur ein- oder zweimal umgesetzt. Seit 1920 fiel der erste Grund weg, der zweite jedoch wirkte in dem engen Rahmen, in dem Zwangsmaßnahmen noch angewendet wurden, weiter.

Zweitens, und das ist weit wichtiger, war das tatsächliche Volumen der tauschbaren Güter noch im Frühjahr 1920 kleiner als 1914. Wie jedermann weiß, war die Produktion einer Anzahl wichtiger Güter während des Krieges wesentlich zurückgegangen und hatte sich noch nicht vollständig erholt. Man braucht nur auf die Kohle hinzuweisen, deren Produktion in England 1919 um 20% geringer war als 1913, und auf den Zucker, dessen Konsum um 16% gesunken war. Von anderen Gründen abgesehen, ist es kaum zweifelhaft, daß in manchen Industrien die Einschränkungen infolge von Zusammenschlüssen der Unternehmer wie der strafferen Organisation der Arbeiter die Produktion unter dem alten Niveau hielten. Darin liegt eine Rechtfertigung der Ansicht des gesunden Menschenverstandes, nach der die Höhe des Preisniveaus im Vergleich zu 1914 zum Teil der vergleichsweisen Güterverknappung zuzuschreiben ist. Das ist freilich kein Beweis dafür, daß es nicht auch zum Teil dem vergleichsweisen Überfluß an Geld zuzuschreiben war: und die Inflationstheorie kann es sich erlauben, einiges auf Rechnung der Veränderung in der Nachfrage nach Geld zu setzen, ohne dadurch in Kernfragen widerlegt zu sein.

2. Goldwanderungen und Preisniveau. Ein zweiter Einwand gegen die Inflationstheorie ergibt sich aus der Tatsache, daß selbst in den Vereinigten Staaten, die bei der Goldwährung geblieben sind, die Preise zwischen 1914 und 1920 sehr erheblich gestiegen waren, und zwar etwa um $^2/_3$ der Preissteigerung in England. Der internationale Wert des Goldes betrug im Frühjahr 1920 weniger als die Hälfte des Vorkriegswertes: und während das englische Geld um 60 oder 70% seines Wertes (im Sinne unserer Definition — d. h. gemessen an den Gütern) gesunken ist, sank sein Wert dem Golde gegenüber nur um 25%. Dementsprechend ist es nicht korrekt, das Papiergeld für die ganze

Preissteigerung verantwortlich zu machen, sondern allenfalls für die Differenz zwischen dem Steigen der englischen Preise und dem Steigen der in Gold berechneten Preise.

Der Grund für dieses Steigen der Preise in Gold ist (abgesehen vom internationalen Gütermangel) leicht zu finden. Die meisten kriegführenden Länder haben bei Beginn des Krieges die Goldwährung, sofern sie sie überhaupt besaßen, widerstandslos aufgegeben: sie entschieden sich also dahin, daß sie ihre Währungssysteme unter Verzicht auf den Luxus des Goldes aufrecht erhalten. Im weiteren Verlauf suchten dann die meisten von ihnen große Käufe in neutralen Ländern zu tätigen; und da sie nicht in der Lage waren, Naturalgüter herzugeben, benutzten sie den größten Teil ihres Goldbestandes für diesen Zweck, mit dem Erfolg, daß die neutralen Länder (einschließlich Amerikas bis 1917) mit Gold überflutet wurden. Diese Goldplethora wurde zu einer positiven Gefahr für die Neutralen: und Schweden hat eines schönen Tages die Tore seiner Münze und seiner Nationalbank faktisch gegen den Goldzufluß geschlossen, in der Hoffnung, von den Kriegführenden Güter von realerem Nutzen bekommen zu können. Der Goldzufluß dauerte jedoch an, besonders in den Vereinigten Staaten: und dieser Zufluß ermöglichte es den amerikanischen Banken, ohne Verletzung der Gesetze über Deckungsreserven (die aber dadurch faktisch eine Korrektur erhielten) das Volumen des Bankgeldes und des einlöslichen Bargeldes, das mittels Kreditgewährung an die Erwerbswirtschaften und später an die Regierung geschaffen wurde, in weitem Umfange zu vergrößern und mithin die Kräfte in Bewegung zu setzen, die das Preisniveau in die Höhe trieben. Der auf S. 54 ausgesprochene Satz, daß nämlich der Geldwert in einem Goldwährungslande zum Teil von den Zahlungsgewohnheiten der Nachbarländer abhängt, erhielt einen eklatanten Beweis.

Es muß also zugegeben werden, daß die englischen Preise, selbst wenn England es fertig gebracht hätte, bei der reinen Goldwährung zu bleiben, beträchtlich gestiegen wären. Und dieses Zugeständnis ist wichtig, wenn es uns jetzt darauf ankommt zu entscheiden, wieweit der Staat für das Steigen der Preise verantwortlich gemacht werden kann, bevor ihm die volle Schuld, wie es manchmal geschieht, zugeschoben wird. Wenn es uns aber auf nichts als auf die Wahrheit ankommt, so ist die Inflationstheorie keineswegs erledigt. Sie ist nicht damit abgetan, daß man sagt, das Steigen der Preise wäre, wenn es kein Papiergeld gegeben hätte, durch etwas anderes verursacht worden. Denn erstens hätte man sich, wenn man imstande gewesen wäre, bei der Goldwährung zu bleiben, an dem Aufsaugen des internationalen Goldstromes beteiligt, anstatt ihn anschwellen zu lassen, und hätte somit dazu beigetragen, die Entwertung des Goldes zu hemmen; und zweitens ist die Ausrede, ich habe es nicht getan, und wäre ich es nicht gewesen, dann hätt's ein anderer getan, logisch nicht sehr überzeugend.

3. Die Kriegsanleihen und das Preisniveau. Ein dritter und weit wichtigerer Einwand gegen die Inflationstheorie wird sich aber jedem aufgedrängt haben, dem das letzte Kapitel in frischer Erinnerung ist. Wir sahen dort, daß es in England überwiegend auf das Bankgeldvolumen ankommt, und daß eine Zunahme im Volumen der Bankkredite einen direkten Einfluß auf die Preise ausübt, indem sie die Kaufkraft der Kreditnehmer erhöht. Es drängt sich folglich von selbst die Frage auf, ob die große Preissteigerung im Kriege nicht auf eine ähnliche Quelle zurückgeführt werden kann: und die Antwort fällt zweifellos bejahend aus. Denn die Regierung hat, um den Krieg durchzuführen, nicht nur die Ersparnisse des Publikums leihweise in Anspruch genommen; sie lieh auch von den Banken, ferner von Privaten, die ihrerseits von den Banken Kredit nahmen, um ihn der Regierung weiterzugeben: und da es für den Staat von höchster Wichtigkeit war, daß die führenden Industrien des Landes in normalem, ja sogar in erhöhtem Gang gehalten wurden, so kamen diese Bankkredite zu den bereits vorhandenen als zusätzliche hinzu. Das führte zur Schaffung eines Riesenvolumens zusätzlicher Kaufkraft zunächst in Händen der Regierung und dann derjenigen, bei denen sie ihre Käufe tätigte.

Es wird manchmal eingewendet, die große Masse der bereits bestehenden Kriegsschulden — die 5000 Millionen und mehr £ Kriegsanleihen aller Art, die in England untergebracht sind — könnten die Preise nicht noch im Jahre 1920 hoch halten. Die Tatsache, daß die Regierung fünf Jahre vorher in großen Mengen Stahl und Futtermittel und Uniformen gekauft habe, könne doch nicht (so wird gesagt) im Jahre 1920 die Nachfrage nach Gütern erhöhen; das gehöre doch alles der Vergangenheit an und sei ein für allemal erledigt. Wer so denkt, der hat den im letzten Kapitel dargelegten Zusammenhang, kraft dessen zusätzliche Bankkredite auf die Preise wirken, völlig mißverstanden. Ein Bankkredit schenkt der Welt ein Quantum an Bankgeld, das von Scheckguthaben zu Scheckguthaben wandert und die Kaufkraft eines Kontoinhabers nach dem andern vermehrt: und seine Wirkung dauert so lange an, bis durch Rückzahlung an die Bank ein entsprechender Geldbetrag aus dem Verkehr verschwindet. Und Kreditschöpfung zugunsten der Regierung wirkt in dieser Hinsicht ganz ebenso wie ein Bankkredit zugunsten Privater.

Daraus folgt aber keineswegs, daß die Rückzahlung der direkt oder indirekt bei den Banken aufgenommenen Kriegskredite wesentlich zur Herabsetzung der Preise beigetragen hätte. Möglicherweise würde sie überhaupt keinen unmittelbaren Einfluß haben, weil das durch die Regierung zurückgezahlte Geld auf der Stelle jemand anderem (etwa den Gemeinden für Bauzwecke) geliehen würde, so daß die Gesamtmenge ungebundener Kaufkraft die gleiche bliebe. Aber selbst angenommen, man hätte Einrichtungen getroffen, um das zu verhindern, so muß doch ein wichtiger Unterschied zwischen Kriegskrediten und kommerziellen Krediten beachtet werden. Die Rückzahlung eines kommerziellen Kredites aus dem Ertrag des Güterverkaufs ruft zwei Prozesse hervor, die beide preisbestimmend wirken. Einerseits wird dadurch umlaufendes Geld eingefangen und mithin die Kaufkraft des Käufers vermindert; und andererseits werden zurückgehaltene Güter herausgelockt, und mithin wird die Bereitwilligkeit der Verkäufer zu verkaufen erhöht. Die Rückzahlung von Kriegskrediten würde bis auf den (wahrscheinlich sehr kleinen) Umfang, in dem sie aus dem Verkaufserlös von Kriegsvorräten oder aus dem Gewinn der Staatsbetriebe erfolgt, nur auf dem ersten Wege wirken. Die zweite preisabbauende Wirkung bei Rückzahlung zusätzlicher Kredite — daß sie nämlich zu guter letzt das Güterangebot vermehren — fehlt in diesem Falle nahezu vollständig.

Soweit die Rückzahlung der Kriegskredite aus den Erträgen normaler Besteuerung erfolgen sollte, könnte sie die Preise nur auf einem Wege beeinflussen, nämlich indem dem Publikum einiges Bank- und Bargeld entzogen und mithin seine Kaufkraft beschränkt würde. Aus der Behauptung, daß die große Masse der Kriegsschulden noch 1920 in der Richtung der Hochhaltung der Preise wirkte, folgt also weder, daß ihre Rückzahlung die Preise unbedingt wesentlich gesenkt hätte, noch daß dieser Prozeß, wenn überhaupt, reibungslos vonstatten gegangen wäre.

Das Weiterbestehen der großen Kriegsschuld wirkte auch noch indirekt preissteigernd, indem es nämlich ein Übermaß an guten Sicherheiten (vgl. S. 80) darbot[1]). Denn wenn auch das Anerbieten einer guten Sicherheit den Bankier nicht ohne weiteres veranlassen wird, seine Überzeugung über das richtige Verhältnis der Reserven zu den Depositen schlechthin zu verleugnen, so kann es ihn doch leicht zu größerer Weitherzigkeit verleiten und mithin einen Einfluß in der Richtung auf Vermehrung der Kredite und des losgelassenen Bankgeldes ausüben. Wir sehen hier also einen der Wege, wie gerade der Konservativismus der Banken sie dazu verleitet, unter veränderten Verhältnissen dem Verlangen nach Geldvermehrung ein williges Ohr zu leihen.

4. Kurzfristige Staatskredite und das Preisniveau. So viel über den Zusammenhang zwischen der Kriegsanleihenlast und der Höhe der Preise[2]). In England gab es aber zwei besondere Arten staatlicher Kreditinanspruchnahme, die die Preissteigerung nicht so unmittelbar, aber um so wirksamer gefördert haben.

Erstens waren ursprünglich etwa 1000 Millionen £ der englischen Kriegsschuld kurzfristig, auf wenige Monate geborgt worden; und von diesen sogenannten Schatzwechseln (Treasury Bills) haben die Banken einen ziemlichen Teil übernommen. Da die Banken nun wußten, daß sie diese Wechsel binnen kurzem der Regierung zur Rückzahlung präsentieren konnten, gingen sie nach und nach dazu über, dieselben nicht viel anders denn als Bargeld anzusehen, ebenso wie sie ihre Scheckguthaben bei der Bank von England stets als Barreserven anzusehen pflegten. Sie führen sie allerdings nicht, wie ihre Guthaben bei der Bank von England, in ihren veröffentlichten Bilanzen unter den Barreserven auf:

[1]) Auf ähnlichem Wege ist in Deutschland während des Krieges ein gut Teil der Inflation betrieben worden: durch Beleihung (Lombardierung) der Kriegsanleihen bei der Reichsbank, und zwar auf dem Umweg über die Darlehnskasse, deren Scheine jederzeit in Reichsbanknoten umgewandelt werden konnten. (Anm. des Herausgebers.)

[2]) Ein Zusammenhang, der in Ländern mit rasch fortschreitender Entwertung des Währungsgeldes seit dem Kriege jede praktische Bedeutung, die er ursprünglich besaß, eingebüßt hat. (Anm. des Herausgebers.)

die Tatsache jedoch, daß sie dieselben als eine Quelle zur Beschaffung von Bargeld behandeln konnten, ermöglichte es ihnen, für die Depositen eine kleinere Barreserve zu halten, als sie es bisher für angebracht hielten; sie führte, mit anderen Worten, zur Krediterweiterung. Wenn mithin eine Bank der Regierung durch Übernahme von Kriegsanleihen (war stock) 1000 £ kreditierte, so wuchs das Volumen der ungebundenen Kaufkraft um 1000 £; lieh sie aber der Regierung die 1000 £ durch Ankauf von Schatzwechseln, so wuchs das Volumen ungebundener Kaufkraft letztlich um einen wesentlich größeren Betrag. Und solange diese Schatzwechsel von der Regierung weder eingelöst noch in eine Anleihe konvertiert sind, die kein Recht auf baldige Rückzahlung gewährt, so lange ist eine Kraft am Werk, die das Verhältnis zwischen dem Bankgeld- und dem Bargeldvolumen des Landes und mithin auch die Preise übermäßig hoch hält.

Zweitens ist ein kleiner, aber wichtiger Teil der Kriegsschuld weder beim Publikum noch bei den Aktienbanken, sondern bei der Bank von England aufgenommen worden. Wenn nämlich die britische Regierung Geld braucht und es zur Zeit sonst nirgends bekommen kann, so kann sie stets zur Bank von England als letztem Ausweg ihre Zuflucht nehmen. Die Bank von England ist der Bankier der Regierung, d. h. die Regierung unterhält ein Scheckguthaben bei ihr; und sie kann sich nicht gut weigern, dieses Scheckguthaben um ein paar Millionen Pfund zu erhöhen, wenn sie von der Regierung darum ersucht wird. Dies hat aber sehr bedeutsame Folgen, wie es jeder ohne weiteres verstehen wird, der über das Wesen der Scheckguthaben bei der Notenbank im klaren ist (vgl. S. 43). Angenommen, die Regierung borgte bei der Notenbank 1000000 £, um einen Wechsel über den gleichen Betrag für den Ankauf von Schreibutensilien zu bezahlen. Das Scheckguthaben der Regierung bei der Bank von England ist nun um 1 000 000 £ gewachsen, und sie zieht darauf einen Scheck über 1 000 000 £, den sie ihrem Lieferanten übergibt; dieser zahlt ihn bei seiner Bank ein, die ihn ihrerseits ihrem Scheckguthaben bei der Bank von England gutschreiben läßt. Die Anschwellung ist vom Scheckguthaben der Regierung verschwunden, aber nur, um bei dem der Aktienbank wieder zu erscheinen. Diese Bank behandelt nun ihr Scheckguthaben, wie wir bereits wissen, als einen Teil ihrer Reserven, die sie zur Deckung ihrer Depositen zu halten sich verpflichtet fühlt. Indem sie ihre Reserven und Depositen um je 1 000 000 £ angewachsen und dementsprechend das Verhältnis von Reserven und Depositen erhöht sieht, wird sie es ganz nach ihren eigenen Regeln für gangbar halten, ihre Kredite um einen Betrag zu erhöhen, der ein Mehrfaches jener 1 000 000 £ beträgt, die die Regierung ursprünglich geborgt hatte: und der Auftrieb der Preise wird entsprechend verstärkt sein.

Dieser Ausweg, bei der Bank von England offene Buchkredite (sogenannte Ways and Means Advances) in Anspruch zu nehmen, wurde von der englischen Regierung während des Krieges für laufende Einkäufe reichlich benutzt; und seit dem Waffenstillstand verschiedene Male auch zu dem Zwecke, um für die Rückzahlung von Schatzwechseln, die die Besitzer nicht mehr erneuern wollten, d. h. deren Rückzahlung sie verlangten, Geld zu bekommen. Soweit diese Wechsel sich im Besitz der Banken befanden, war die Wirkung dieser Transaktionen, die in der Erweiterung der Grundlage für Bankkredite bestand, wahrscheinlich nicht so ernst, wie der Uneingeweihte glauben könnte, weil jene Wechsel selbst, wie bereits dargelegt, schon dazu verwendet worden waren, die Kreditbasis bei den Banken zu erweitern. Aber selbst in solchen Fällen war die Substituierung einer formellen und offenen für eine hilfsweise und uneingestandene Form der Barreserve wahrscheinlich nicht ganz ohne Einfluß auf das Anwachsen des Kreditvolumens.

Es wäre freilich nicht leicht zu entscheiden, ob dies *notwendige* Wirkungen der staatlichen Kreditnahme bei der Notenbank sind. Der Meinung sind scheinbar die Cityredakteure, die sie mit trübem Fatalismus darzulegen und zu beklagen pflegen. Offenbar sind sie aber nur dann notwendige Folgen, wenn man annimmt, daß die Banken ihrer Struktur nach außerstande oder nicht willens sind, angesichts neuer Verhältnisse und Notwendigkeiten ihre Begriffe über das eigentliche Wesen einer Reserve und das richtige Verhältnis zwischen Reserven und Krediten zu ändern. Dem unmaßgeblichen Betrachter könnte es äußerlich eher als ein Zugeständnis der Schwäche erscheinen, wenn so fähige und für das öffentliche Wohl besorgte Männer wie die Leiter der großen [englischen] Banken in einem solchen Maße von der Gewohnheit beherrscht wären, daß es in all den Gefahren der letzten Jahre für jeden Bürger verhängnisvoll hätte sein können, mag er auf Kriegs- oder auf Friedensaufgaben eingestellt gewesen sein. Jedenfalls sehen wir hier einen zweiten Fall, in dem die [englischen] Banken unter veränderten Verhältnissen durch ihren eigenen Konservativismus dazu geführt werden, im Kriege wie im Frieden aktiv an der Ausweitung der Geldschöpfung teilzunehmen.

5. Bankkredite und Staatspapiergeld. Wenn wir also die Hauptverantwortung für den hohen Stand der Preise den Bankkrediten zuschreiben, folgt dann daraus, daß das vom Staate ausgegebene Papiergeld nichts damit zu tun hat? Keineswegs. Es sei daran erinnert, daß, wenn auch die Regeln, die die Banken bezüglich ihrer Reserven zu befolgen pflegen, willkürlich sein mögen, sie doch in der sehr handgreiflichen Tatsache begründet sind, daß das Bankgeld einlösbar ist, und daß in dem Augenblick, in dem das Publikum[1]) es vorzieht, seine Zahlungen großenteils in barem Gelde zu leisten, ein gutes Teil Bankgeld zur Einlösung präsentiert wird. In der Regel werden entweder die faktischen Empfänger der zusätzlichen Bankkredite oder diejenigen, an die sie Zahlungen leisten, ihre erhöhte Kaufkraft, wenigstens zum Teil, zur Bezahlung von neuen Arbeitskräften oder von Überstunden der bereits vorhandenen verwenden. Hierzu müssen sie von der Bank zusätzliches Bargeld be-

[1]) Das englische wie auch das amerikanische Publikum bedienen sich ganz überwiegend der Schecks als Zahlungsmittel. Der Zusammenhang zwischen Inflation und Preissteigerung ist auf dem Kontinent insofern einfacher, als er in der Hauptsache nur von der Bargeldmenge abhängig ist und der Einfluß der Kreditbanken auf denselben relativ gering war. (Anm. des Herausgebers.)

kommen: und die Bank weiß, daß aus jeder zusätzlichen Kreditgewährung früher oder später solch ein zusätzlicher Bedarf an Bargeld erwachsen muß. Das solcherweise in die Welt gesetzte Bargeld wirkt mehr oder weniger direkt in der Richtung steigender Preise, indem es zur Steigerung der Kaufkraft der Arbeiterschaft beiträgt.

Die Wirkung zusätzlicher Kredite tritt ferner, nämlich durch Erhöhung der Kaufkraft der Unternehmer, zunächst bei den Großhandelspreisen der Stapelwaren in Erscheinung, hört aber hier nicht auf. Rascher oder langsamer teilt sich dieselbe Wirkung den Detailpreisen aller Güter mit, zunächst nicht so sehr durch Erhöhung der Kaufkraft der Käufer, als vielmehr dadurch, daß die Wirkung der Angebotsverminderung gesteigert wird, indem nämlich das Zurückhalten der Waren beim Verkäufer verstärkt wird. Ein Industrieller, der Garn teuer eingekauft hat, wird den Stoff, soweit es von ihm abhängt, den Schneidern nicht billig verkaufen. Ein Großhändler, der Käse zu 1 sh 6 d gekauft hat, wird die Ware dem Dorfkrämer nicht aus freien Stücken zu 1 sh 3 d hergeben wollen.

Aus diesem Prozeß steigender Detailpreise erwachsen zwei Konsequenzen. Erstens kommen diejenigen, die ein Scheckkonto haben, zu der Überzeugung, daß sie mehr Bargeld bei sich, vielleicht sogar, daß sie einen größeren Teil ihres Vermögens in Bargeldform halten müssen; denn sie müssen, wenn überhaupt, an den Dingen sparen, die gewöhnlich mit Schecks bezahlt wurden, wie z. B. Autos. Zweitens und vor allem werden die Arbeitnehmer alle Anstrengungen machen, ihre Geldeinkünfte zu steigern, um die gestiegenen Lebenshaltungskosten aufzubringen. Während der Jahre 1917 bis 1920 waren diese Versuche jedenfalls außerordentlich hartnäckig und erfolgreich: mit dem Ergebnis, daß nicht nur die absolute Menge baren Geldes, die bei den Banken allwöchentlich zu Lohnzahlungen abgehoben wurde, sondern vielleicht auch das Verhältnis der zu diesem Zwecke abgehobenen zu der Gesamtmenge der Scheckguthaben sehr gestiegen ist.

Mithin dürften die Banken selbst bei den besten Absichten der Förderung eines Krieges oder des Wirtschaftslebens nicht aus den Augen verlieren, daß aus zusätzlichen Krediten sehr bald ein Bargeldbedarf der Volkswirtschaft erwachsen muß: wenn sie aber daran vergessen, so haben die Ereignisse ihr Gedächtnis sehr bald aufgerüttelt. Soweit die englischen Banken Schatzwechsel besaßen, konnten sie die Verantwortung für die Beschaffung der erforderlichen Bargeldvorräte letzten Endes auf die Regierung abwälzen. Und soweit ihre Scheckguthaben bei der Notenbank dank der Kreditgewährung derselben an den Staat (z. B. Buchkredite, sogenannte Ways and Means Advances) angewachsen waren, konnten sie die Verantwortung auf die Notenbank abwälzen. Nun hat sich die Bank von England[1]) in den letzten Jahren bezüglich des Verhältnisses zwischen den Depositen und den zu haltenden Reserven (die herkömmlicherweise aus gesetzlichen Zahlungsmitteln bestehen) sehr weitherzig gezeigt: trotz alledem konnte sie sich nicht der Gefahr aussetzen, eines Tages außerstande zu sein, ihre Verpflichtung zur Versorgung der Banken mit Bargeld, wenn und soweit diese welches brauchten, erfüllen zu können. Mithin fiel auf die eine oder andere Art die Verantwortung für die erforderlichen Bargeldmengen letzten Endes auf die einzige Stelle, die nach Belieben Bargeld schaffen k a n n — auf die Regierung. Es ergab sich also die Situation, daß die Regierung, wenn sie sich nicht auf den Zusammenbruch des ganzen Kreditsystems gefaßt machen, wenn sie nicht ihre eigenen Schatzwechsel diskreditieren wollte, bereit sein mußte, so viel Bargeld zu schaffen, als die Kreditpolitik, die sie selbst den Banken gestattet hatte, erforderte.

6. Staatspapiergeld und Preisniveau. Wir sehen hier mithin den dritten Weg, auf dem es den englischen Banken durch ihren eigenen Konservativismus ermöglicht wurde, angesichts veränderter Verhältnisse Zahlungsmittel im Übermaß zu produzieren. Denn jede Einrichtung, die sie mit Bargeld ordentlich versorgte, war den Großbanken recht: und der Bank von England war jede Einrichtung recht, die es ihr ermöglichte, ihren Verpflichtungen nachzukom-

[1]) Und Ähnliches gilt für die kontinentalen Notenbanken. (Anm. des Herausgebers.)

men und dabei eine Reserve von angemessener Größe und gewohnter Zusammensetzung zu halten.

Die Einrichtung[1]), mit der dieses herrliche Ergebnis erreicht wurde — mit deren Hilfe das Staatspapiergeld (Treasury Notes) in die Welt gesetzt wurde —, ist etwas schwierig zu verstehen und übrigens nicht sehr wichtig, aber interessant als ein weiteres Beispiel, für was alles sich die Einrichtung des Scheckguthabenhaltens bei der Bank von England eignet. Das Schatzamt, das die Staatsnoten emittiert, gibt sich auch dieser bequemen Gewohnheit hin: und wenn eine Bank zusätzliches Papiergeld braucht, so kauft sie es, indem sie dem Treasury Note Department einen Scheck auf die Bank von England gibt, wodurch bei dieser das Guthaben der Bank abnimmt und dasjenige der genannten Behörde um den gleichen Betrag wächst. Was dann geschieht, hängt von den Umständen ab. Während des Krieges wurde im allgemeinen der Zuwachs geradeswegs auf das laufende Scheckkonto der Regierung übertragen — die rechte Hand der Regierung borgte sozusagen von der linken, indem sie den sich ergebenden Zuwachs ihres Scheckguthabens benutzte, um Kriegsmaterial zu kaufen und der linken Hand an Stelle des schönen dicken Scheckguthabens ein Bündel von Zahlungsversprechen überließ. Seit Ende 1919 jedoch war das Streben der Regierung darauf gerichtet, den Bestand an Noten der Bank von England, den man als Deckung für das emittierte Staatspapiergeld (Treasury Notes) hält, zu erhöhen; und soweit diese Politik befolgt wird, bedeutet sie, daß aus dem Scheckguthaben der Regierung bei der Notenbank Bruchteile in der Form von Noten derselben Bank je nach Bedarf herausgenommen werden. Aus den veröffentlichten Zahlen scheint jedoch hervorzugehen, daß die alte Methode der rechten Hand, von der linken zu borgen, noch immer von Zeit zu Zeit befolgt wird, wenn es wünschenswert erscheint oder man dazu gezwungen wird, weil Schatzanweisungen zur Rückzahlung präsentiert werden.

Abschließend läßt sich über den Zusammenhang zwischen Staatspapiergeld- (Schatzschein-) Ausgabe und Preissteigerung in England folgendes sagen: Das Papiergeld ist zum Teil geschaffen worden, um Löhne vorzuschießen oder sonstwie die Summe der Lohnzahlungen zu erhöhen, die ohne Rücksicht auf vorangehendes Steigen der Lebenshaltungskosten zugesichert wurden; das hatte die direkte Folge, die Preise zu steigern, indem die Kaufkraft in Händen der arbeitenden Klassen erhöht wurde. Im ganzen scheinen aber die Schatzscheine nicht viel zu dem jeweils ersten

[1]) Vgl. Interim Report of Royal Commission on Currency and Exchanges, S. 5.

Anstoß beigetragen zu haben, durch den die Preissteigerung in Gang gesetzt wurde. Die Tatsache jedoch, daß man wußte, daß man das Geld erforderlichenfalls schaffen konnte, war eine wesentliche Bedingung für die Expansion der Bankkredite, die ihrerseits den ersten Anstoß gaben: und das faktische Erscheinen des neuen Geldes sorgte dafür, daß der bereits erklommene Preisstand hoch gehalten wurde, indem es die Kaufkraft der Bevölkerung und insbesondere der Arbeiterschaft hoch hielt. Es ist folglich mehr ein Streit um Worte, ob man die Inflationstheorie annimmt oder ablehnt. Ein großer Teil aller Streitpunkte würde verschwinden, wenn sich in Fragen des Geldwesens alle streitenden Parteien dahin einigen könnten, an Stelle des irreführenden Wortes Ursache die Worte wesentliche Bedingung zu setzen.

Ein Wort noch über das Verhältnis von Preisen und Bargeldmenge (in England einschließlich der Schatzscheine) in statistischer Hinsicht. Indexzahlen sind so zweifelhaft und Veränderungen in der Nachfrage nach Geld so schwer abzuschätzen, daß man aus den Zahlen nichts Sicheres folgern kann. Angesichts der Gründe jedoch, die wir im Abschnitt 5 dafür anführten, daß zwischen 1914 und 1920 der Anteil der Bargeldzahlungen an dem Gesamtvolumen der Zahlungen gestiegen ist, wäre es vielleicht zu erwarten gewesen, daß die Vermehrung des Bargeldes im Vergleich zu dem Steigen der Preise etwas größer hätte sein müssen, als sie es gewesen zu sein scheint. Demgegenüber muß aber auf zwei Eigentümlichkeiten der bereits geschilderten Sachlage hingewiesen werden. Erstens ermunterte das Vorhandensein von heranreifenden Forderungen auf Bargeld — in der Form von Schatzwechseln — die Banken, sich zu der Frage des angemessenen Verhältnisses zwischen Depositen und nominellen Barreserven recht großzügig zu stellen und das Bankgeldvolumen mithin über das Wachsen des Bargeldes hinaus zu vergrößern. Zweitens hinkte, hiervon ganz abgesehen, solange Preise und Löhne noch im Steigen begriffen waren, das tatsächliche Papiergeld- (Schatzschein-) Volumen dem potentiellen immer etwas nach — d. h.

demjenigen Volumen, das letzten Endes kraft des durch den Umfang der Bankkredite bedingten Bargeldbedarfes entstehen mußte. Hält man sich diese Erwägungen vor Augen, so dürfte die statistische Zusammenstellung der Bargeldvermehrung einerseits und der Preissteigerung andererseits ziemlich das ergeben, was zu erwarten war.

7. Die Kausalbeziehung zwischen Geldmenge und Preisniveau. Es ließe sich noch ein Einwand nicht nur gegen die eigentliche Inflationstheorie, sondern auch gegen unsere kombinierte Inflations- und Kreditvermehrungstheorie erheben. Der Zusammenhang zwischen Geldvolumen und Preisen zugegeben: aber Ursache und Wirkung, wird man einwenden, verhalten sich gerade umgekehrt, als die Geldtheoretiker meinen. Das große Geldvolumen war keineswegs die Ursache des hohen Preisniveaus, sondern seine Folge.

Bezüglich der englischen Treasury Notes (Schatzscheine) sahen wir, daß dieser Standpunkt in hohem Maße berechtigt ist: zusätzliche Treasury Notes wurden hauptsächlich deshalb ausgegeben, um zusätzliche Zahlungen, insbesondere zusätzliche Lohnzahlungen, zu leisten, die durch vorangehende Preissteigerung bedingt waren. Dasselbe kann aber auch bezüglich des Bankgeldes behauptet werden[1]). Fragt man eine Bank, weshalb das Volumen ihrer ausstehenden Kredite 1920 so viel größer war als 1914, so wird sie wahrscheinlich antworten, daß infolge der hohen Preise ihre Kunden mehr Geld brauchten, um im herkömmlichen Umfange Arbeiter dingen, Rohstoffe kaufen, Instandhaltungskosten usw. tragen zu können. Und die Antwort ist innerhalb gewisser Grenzen auch vollkommen stichhaltig. Denn noch einmal wollen wir uns ins Gedächtnis rufen, daß die unmittelbare Ursache einer Preisbewegung nur ein von Menschen oder Menschengruppen gefaßter Entschluß (decision) sein kann. In gewissem Umfange hat in England [wie auch anderwärts] die Entwicklung der Großhandels-

[1]) Das gleiche Argument pflegt von seiten der Notenbanken des Kontinents (z. B. von der deutschen Reichsbank) zur Rechtfertigung der kommerziellen wie zum Teil überhaupt der zusätzlichen Notenausgabe angeführt zu werden. (Anm. des Herausgebers.)

preise die tatsächliche Schaffung zusätzlichen Bankgeldes vorweggenommen, genau so wie die Entwicklung der Kleinhandelspreise die tatsächliche Schaffung zusätzlichen Papiergeldes antizipiert hat. Zweifellos hat jede Regierung bei Kriegsbeginn diese Erfahrung gemacht, als diejenigen, deren Waren sie brauchte, die Preise prompt hinaufsetzten, weil sie wußten, daß die Regierung das Geld irgendwie würde beschaffen müssen.

In der Regel ist es jedoch so, daß die Entschlüsse, die zur Steigerung der Preise führen (soweit sie mit Veränderungen in der Nachfrage nach Gütern zusammenhängen), infolge tatsächlicher Vermehrung des Bankgeldes in den Händen bestimmter Personen gefällt werden. Wenn aber diese Entschlüsse nicht hinfällig werden sollten, mußte das zusätzliche Bankgeld auch anderen Personen zugute kommen. Nehmen wir ein konkretes Beispiel, um die Dinge klar zu machen. Angenommen, eine Bank hat einer Werft einen zusätzlichen Kredit von 10000 £ gewährt, um ihr den Ankauf von Stahlplatten zu ermöglichen. Der Preis der Stahlplatten wird steigen; und das zusätzlich geschaffene Bankgeld wird vom Werftinhaber zum Stahlproduzenten gehen. Vom Stahlproduzenten wird ein Teil seinen Weg nach und nach zum Hüttenbesitzer, zum Kohlenproduzenten usw. finden; ein anderer Teil nach und nach etwa zum Weinhändler, zum Autofabrikanten usw. Ist aber die Welle zusätzlichen Geldes einmal vorüber, so ist nichts da, was verhindern könnte, daß der Preis erst der Stahlplatten, dann des Roheisens und des Champagners, dann der Kohle und der Automobile usw. von neuem fällt, es sei denn, daß auf die erste Welle eine zweite folgt. Dies wird aber voraussichtlich der Fall sein: die anderen Werftinhaber, die sich steigenden Preisen der Stahlplatten gegenüber finden, werden bei ihren Banken neuen Kredit nachsuchen; und eine zweite Kausalreihe, ähnlich der ersten, wird in Bewegung gesetzt werden. Und so wird das Spiel weiter gehen, und das hohe Preisniveau, das durch die erste Welle herbeigeführt wurde, wird durch die folgende aufrechterhalten.

Zusätzliche Kredite werden folglich ebenso wie zusätzliches Papiergeld wohl besser als wesentliche Bedingungen denn als Ursachen des erhöhten Preisniveaus anzusehen sein. Die Erwartung, daß sie ins Leben gerufen würden, hat die Entschlüsse, die man über die Preise gefaßt hat, beeinflußt: und die Tatsache, daß sie ins Leben gerufen wurden, hat es ermöglicht, die bereits gefällten Entschlüsse aufrechtzuerhalten. Alles dies steht im Einklang mit unserer Deutung des Begriffes der Menge verfügbaren Geldes im zweiten Kapitel, Abschnitt 7. Wir haben also keinen Anlaß, unsere Meinung darüber zu ändern, daß [in England] die tatsächliche Hingabe zusätzlicher Kaufkraft durch die Banken an einige Kreditnehmer den Preisen allgemein den ersten Stoß nach aufwärts gab, während die Schaffung zusätzlichen Papiergeldes dies nicht so häufig tat.

Sechstes Kapitel.

Stabiler und veränderlicher Wertmaßstab.

1. Die Argumente zugunsten eines Preisniveaus, das sich in umgekehrtem Verhältnis zur Produktivität der Volkswirtschaft ändert. Wenn sich also die Währungslage nach dem Kriege in England (und erst recht auf dem Kontinent) durch Inflation charakterisiert, so fragt es sich nun, was in Zukunft geschehen sollte. Und es wird sich wieder einmal empfehlen, von einer Antwort auszugehen, die vielfach begeisterten Anklang gefunden hat: laßt uns so rasch als möglich zu unserer alten Goldwährung zurückkehren.

Um den Weg zur Diskussion dieses Vorschlages zu ebnen, müssen wir ein klein wenig auf elementare Grundsätze zurückgehen und etwas näher untersuchen, welche Anforderungen wir, wenn wir vollständig frei zu wählen hätten, wohl an einen Wertmaßstab stellen würden. Bisher ist in diesem Buch angenommen worden, daß der Geldwert im üblichen Sinne (d. h. der Wert des Geldes in Gütermengen) stabil bleiben sollte. Diese Forderung ist die naturgemäße

Folge der Erschütterungen, denen Vertragstreue und Kalkulation und mithin Verteilung und Schaffung realer Güter bei jeder schweren Erschütterung der Wertbeständigkeit des Geldes ausgesetzt sind und auf die im ersten Kapitel dieses Buches nachdrücklich hingewiesen wurde. Sie ist jedoch keine schlechthin evidente Forderung: Es gibt zum mindesten zwei weitere plausible Theorien über die Art und Weise, wie sich der Geldwert, wenn wir zu bestimmen hätten, gestalten sollte.

Die eine weist darauf hin, daß die realen Kosten der Herstellung marktfähiger Güter, die Kosten an Arbeitsmühe und Unlust der Menschen, nicht von einer Generation zur anderen, ja nicht einmal von Jahr zu Jahr unverändert bleiben. Drei Tendenzen wirken in der Tiefe auf eine Veränderung dieser realen Kosten hin, die erste in der einen, die beiden anderen in der entgegengesetzten Richtung. Erstens wirkt der Fortschritt der Technik und der wissenschaftlichen Forschung, der kommerziellen und industriellen Organisation, sowie der systematischen Ausbeutung neuer Rohstoffquellen ununterbrochen dahin, die Macht des Menschen über die Natur zu erhöhen und die realen Kosten der Güterbeschaffung zu vermindern. Während der zweiten Hälfte und besonders im letzten Viertel des neunzehnten Jahrhunderts hat sich diese Tendenz nahezu ungehemmt ausgewirkt. Zweitens aber üben die Bevölkerungsvermehrung, die Beschränktheit des kultivierbaren Bodens und der Produktivität der Natur im Vergleich zum Produktionsaufwand sowie das Ausmaß, in dem die Welt noch immer von ihren Kapitalvorräten an Energie (in der Form von Kohle und Rohöl), anstatt von ihrem jeweiligen Einkommen leben muß, einen periodischen, in der Gegenwart vielleicht sogar fortschreitend steigenden Druck in der entgegengesetzten Richtung aus. Drittens dürfen wir auch die Neigung der Völker nicht außer acht lassen, von Zeit zu Zeit ihre Kapitalakkumulation und ihre organisatorischen Einrichtungen durch Kriegsabenteuer und Friedenselaborate zu zerstören und mithin die realen Kosten der Güterbeschaffung zu erhöhen.

Diese schwierigen Probleme bedürfen näherer Untersuchung an anderer Stelle. Hier haben wir es mit ihnen nur so weit zu tun, als sie für die Geldtheorie von Belang sind. Es wird behauptet, diesen Tendenzen sei in gewissem Umfang beim Abschluß von Geldverträgen im voraus Rechnung getragen. Wenn jemand sich damit einverstanden erklärt, im nächsten Jahre hundert Pfund oder aber alljährlich fünf Pfund oder sonst etwas zu bekommen, so hat er sich sein eigenes Urteil über die zukünftigen Veränderungen der Produktivität menschlicher Arbeit und mithin des Geldwertes gebildet. Sofern er dies aber nicht getan hat, oder sofern seine Schätzungen durch die Tatsachen widerlegt werden, sofern ist es erwünscht, daß seine Vorausberechnungen nicht genau erfüllt werden, sondern daß er an realen Gütern mehr oder weniger erhält, als er erwartet hat, entsprechend jeder unvorhergesehenen Steigerung oder Verringerung in der Produktivität der menschlichen Arbeit.

Gewiß spricht vieles für diese Meinung. Angenommen, „die hehre Zeit der Welt käme wieder, das goldene Zeitalter kehrte zurück und die Erde streifte wie eine verjüngte Schlange ihr altes Winterkleid ab“: angenommen, der Mensch würde im Kampf mit der Natur unaufhaltsam von Sieg zu Sieg eilen; sollten dann nicht diejenigen, deren Geldeinkommen durch Gesetz oder Gewohnheit verhältnismäßig festgelegt ist und die in der Regel nicht die anspruchsvollsten Glieder der Gesellschaft zu sein pflegen, in der Form fallender Preise automatisch an den Früchten des Fortschritts beteiligt werden, obwohl sie die Entwicklung nicht bestimmt voraus berechnen konnten[1])? Sollten nicht ferner die Arbeitnehmer, mögen sie auch ihre Fähigkeit bewiesen haben, sich an jeder erreichbaren Beute irgendwie ihren Anteil zu sichern, dies auch erreichen können, ohne ewig erhöhte Lohnforderungen stellen zu müssen — Forderungen, die, gleichgültig ob sie zu tatsächlicher Arbeitshemmung führen oder nicht, die Be-

[1]) Vgl. Marshall: Evidence before Gold and Silver Commission, C. 5512—2, Qq. 9816ff.

ziehungen der Menschen zueinander vergiften und die Energie starker Führernaturen aufreiben?

Angenommen andererseits, es würde der Menschheit nicht gelingen, das Problem der mechanischen Kraft zu lösen, oder es würde sich zeigen, daß der Weltkrieg nur die erste einer Reihe verheerender Katastrophen gewesen ist: kann man dann zugeben, daß diejenigen, die ein festes Einkommen haben — wie es bei stabil gehaltenen Preisen der Fall sein würde —, dauernd in der Lage sein sollen, die gleiche absolute Menge und folglich einen stets größeren Anteil vom realen Einkommen der Gesellschaft an Gütern und Diensten sich anzueignen? I'll have my bond, speak not against my bond[1]) — wird ein solches Argument gegenüber dem Rentner oder Arbeiter in einem Lande verfangen, in dem man aus Mangel an Heizmitteln vor Frost zittert und durch chronischen Kriegszustand verarmt ist?

Solche Argumente ließen sich zugunsten eines Wertmaßstabs anführen, der nicht in Gütermengen schlechthin, sondern im Vergleich zur Produktivität (productive power) stabil bleiben sollte. Wäre die Bevölkerung stationär, so ließe sich ein solcher Maßstab annähernd erreichen, indem man die verfügbare Geldmenge unverändert hält und alle Veränderungen des Gütererertrags sich frei auf die Preisbildung auswirken läßt. Da aber in Wirklichkeit die Bevölkerung wächst, so müßte man alljährlich den Geldzufluß so regulieren, wie es erforderlich ist, um die Preise etwas mehr zu steigern oder etwas weniger fallen zu lassen, als es sonst geschehen wäre, und mithin das Geldeinkommen eines jeden von uns, gleichgültig wieviel und wofür er Geld bekommt, seinem Realanteil anzupassen.

Wir werden unter dem Gesichtspunkt sozialer Gerechtigkeit und Harmonie, wie auch unter dem theoretischer Vereinfachung der Aufgabe, entschieden zur Annahme dieser Lösung neigen. Und selbst wenn wir uns aus anderen Gründen dahin entscheiden, daß das Preisniveau normaler-

[1]) (Anm. des Herausgebers:) Kaufmann von Venedig, Akt III, Sz. 3: „Ich will den Schein, nichts gegen meinen Schein."

weise stabil gehalten werden sollte, selbst dann müßten wir wahrscheinlich zugeben, daß entweder Ausnahmen zugestanden oder aber die Geldverträge einer rücksichtslosen Revision unterworfen werden müßten, falls eine unerhörte Änderung der Produktivität etwa infolge der Auswertung der Radioaktivität oder eines hundertjährigen Krieges eintreten sollte. Bevor wir jedoch näher darauf eingehen, wird es sich empfehlen, uns mit einer anderen Theorie über die Art und Weise, wie das Preisniveau reguliert werden sollte, zu beschäftigen.

2. *Die Argumente zugunsten eines allmählich (gently) steigenden Preisniveaus.* Zu diesem Zweck wollen wir uns einiges ins Gedächtnis rufen, was wir bereits an verschiedenen Stellen erwähnt haben und was dort einigermaßen in der Luft hing, jetzt aber sich als wichtig erweisen wird. Im ersten Kapitel (S. 10) ist erwähnt worden, daß ein Steigen der Preise im ganzen, solange es nicht zu viel Aufmerksamkeit auf sich lenkt, zugunsten derjenigen zu wirken pflegt, die unseren industriellen Apparat in Händen haben und leiten. Im zweiten Kapitel (S. 28) ist zugegeben worden, daß ein Wachsen des Angebots an Geld möglicherweise von sich aus zu einer Steigerung der Nachfrage nach Geld, d. h. des Angebots an Gütern, führen kann. Im vierten Kapitel (S. 76) haben wir betont, daß zusätzliche Bankkredite sich normalerweise bis zu einem gewissen Grade dadurch rechtfertigen lassen, daß sie letzten Endes zu einer Mehrung des Güterzuflusses führen. Im fünften Kapitel (S. 91) wiesen wir darauf hin, daß zusätzliche Bankkredite im allgemeinen zum Teil dazu verwendet werden, zusätzliche Arbeit zu dingen oder dem vorhandenen Arbeiterstab Überstunden zu bezahlen.

Diese isolierten Bemerkungen lassen sich folgendermaßen zusammenfassen. Eine fortschreitende Vermehrung des Geldangebots und Steigerung des Preisniveaus stimuliert, solange sie nicht so geräuschvoll vor sich geht, daß sie Unruhen hervorruft und die Sicherheit der Verträge erschüttert, durch Steigerung der Geldnachfrage nach Gütern auch die Produktion der Güter: indem sie den Taschen der

Unternehmer zugute kommt, stachelt sie diese zu größerer Energie und lebhafterer Tätigkeit an, und indem sie denjenigen, die Vertrauen zu sich haben, Mittel in die Hand gibt, trägt sie zur Mehrung der geistigen Kraft im Dienste der Produktion bei. Diese Förderung der Produktion dient ihrerseits dazu, durch Mehrung des Güterzuflusses das Steigen der Preise, durch das sie hervorgerufen wurde, zu mäßigen.

Wir haben keinen Grund, an der Richtigkeit dieser Argumentation zu zweifeln. Das mögen alle diejenigen tun, die sich etwas darauf einbilden, Fanatiker einer sogenannten gesunden Währung zu sein, oder die ein festes Geldeinkommen beziehen oder an Zukunftsplänen einer idealen Verteilung der Früchte des wirtschaftlichen Fortschritts interessiert sind; der Richtigkeit der Argumentation tut das keinen Abbruch. Ein allmähliches Steigen des Preisniveaus gefällt dem Unternehmer, und der Unternehmer sitzt im Sattel und hält die Zügel der Produktion in Händen. Die Inflationisten unter den Unternehmern wissen im großen ganzen recht gut Bescheid. Die Schlacht, in der wir sie im vierten Kapitel besiegten, wurde auf einem Boden ausgefochten, den wir selbst gewählt hatten — auf dem Boden, daß das Preisniveau stabil gehalten werden sollte. Wie aber, wenn sie sagen, sie sähen die Notwendigkeit nicht ein, sie zögen es vor, daß die Preise steigen? Wir sind in ihrer Hand: sie haben die Produktion zu besorgen. Das sei auch, werden sie hübsch betonen, keineswegs nur purer Egoismus oder ausschließlich im Interesse der Schieber (profiteers) gesagt. Sind es nicht steigende Preise, die die Armenhäuser (work houses) und die Listen der Arbeitsnachweise (employment exchange registers) leeren und die Fabriken und Werften füllen? Und ist es nicht besser, daß alle werktätig sind, selbst wenn sie über die Lebenshaltungskosten brummen, als daß einige billig leben und andere auf der Straße liegen?

Freilich erweist sich der Anreiz steigender Preise zum Teil als Illusion. Der Festbesoldete wie der organisierte Arbeiter haben sich verleiten lassen, für ein geringeres Entgelt zu arbeiten als sie angenommen hatten. Selbst der Leiter der Unternehmung fällt der Illusion zum Opfer: denn er wird nicht nur durch wirkliche Gewinne auf Kosten seiner Obligationäre und seines Arztes und auch (wenn er etwas Glück hat) seiner eigenen Arbeiter, sondern auch durch imaginäre Gewinne auf Kosten seiner Konkurrenten angespornt. Man will im Anfang so ungern daran glauben, daß andere Leute wirklich die Stirn oder das Glück haben sollten, ihre Preise ebenso in die Höhe zu setzen wie man es selbst getan hat. Ob real oder illusorisch, der Ansporn ist jedenfalls wirksam; denn in wirtschaftlichen wie in anderen Dingen lebt der Mensch zum Teil von Illusionen und nur zum Teil von der Wahrheit. Darum trifft die Kritik der Kriegsfinanzierung so selten den Kern der Sache. Kriegführende verstehen diese Moral besser als Geldtheoretiker: sie leben ja davon.

Und wenn List und Tücke im Kriege unvermeidlich sind, ist es dann so sicher, daß sie im Frieden entbehrt werden können? Hat in den letzten zwei oder drei Jahren irgend jemand auf die Stimme der nackten Wahrheit gehört? Solange die Leitung der Produktion sich in den Händen einer Minorität befindet, die mit veränderlichen Gewinnen belohnt wird, solange ist nicht ausgeschlossen, daß ein allmähliches Steigen des Preisniveaus in der Tat zu den bestmöglichen Resultaten nicht nur für diese Minorität, sondern auch für die Volkswirtschaft als Ganzes führt. Und es ist ziemlich sicher, daß ein selbst aus den einleuchtendsten Gründen stetig fallendes Preisniveau es an solchen Reizmitteln fehlen lassen würde, deren sich die moderne Gesellschaftsordnung bisher zu Recht oder Unrecht hauptsächlich bediente, um ihre Glieder voll zu beschäftigen und ihre Aufgaben zu lösen.

3. Argumente gegen die Goldwährung. Im großen und ganzen würden wir also, wenn wir ganz frei zu wählen hätten, wohl auf unsere ursprüngliche Entscheidung hinauskommen: auf das Stabilhalten des Preisniveaus. Dann müssen wir uns aber entschließen, in außerordentlichen Fällen unsere Entscheidung entweder aufzuheben oder die Revision der Geldverträge zu erzwingen: und wenigstens solange wir das beibehalten, was je nachdem das System privater Unternehmung oder Lohnsklaverei genannt wird, würden wir nicht umhin können, auch bei einer etwas übertriebenen Ausnutzung des Kreditsystems ein Auge zuzudrücken, wenn der industrielle Apparat ungebührlich belastet erscheint.

Praktisch fragt es sich nun, ob eine Goldwährung irgend Aussicht bietet, daß wir den goldenen Mittelweg oder einen anderen vorgeschlagenen Weg einhalten können. Die Antwort muß entschieden auf Nein lauten. Daß die Goldwährung die Preise während des Jahrhunderts vor dem Weltkriege nicht stabil gehalten hat, bedarf keiner Erwähnung. Man sehe sich folgende Zahlen an[1]). Zwischen 1821—25 und 1846—50 fielen die Preise in England um 25%; zwischen 1846—50 und 1871—75 stiegen sie um 20%; zwischen 1871—75 und 1894—98 fielen sie um 40%; zwischen 1894—98 und 1909—13 stiegen sie um 30%. Es ist wahrscheinlich richtig, daß die Goldwährung während der zweiten dieser Perioden im ganzen der Produktion einen gesunden Anreiz gab; das war aber zum großen Teil Zufall und der unvorhergesehenen Entwicklung in Kalifornien und Australien sowie der Londoner Banken zu verdanken. Ferner ist es auch richtig, daß sie, indem sie einen großen Preissturz ermöglichte, die Zunahme der Weltproduktivität in der dritten Periode wiederspiegelte: das ist aber wieder zum Teil Zufall, und man darf nicht vergessen, daß die achtziger Jahre die Zeit der schweren Agrarkrise wie der Arbeitslosigkeit und der Arbeiterunruhen waren.

Es wäre irreführend, auf die große Entwertung des Goldes zwischen 1914 und 1920 viel Gewicht zu legen, mehr Gewicht als auf andere wirtschaftliche Erscheinungen der Kriegszeit. Es ist möglich, daß, wenn eine Anzahl der heutigen Papierwährungsländer sich in der Lage fände und sich dazu entschließen würde, wieder Goldreserven anzuschaffen, dann ein Wettlauf um das Gold einsetzte, der zu heftiger und anhaltender Steigerung seines Wertes

---

[1]) Layton: Introduction to the study of Prices, S. 23 (fortgeführt bis 1909—13).

auf etwa das Vorkriegsniveau führen würde. Es gibt in der Tat gut orientierte Leute, die für nicht allzu ferne Zeit einen ernsten Goldmangel auf dem Weltmarkt befürchten. Trotz des starken Sinkens der Güterpreise in Gold, das 1920 begann, werden wir diese Befürchtung kaum teilen können. Selbst in Ländern, in denen man zur Goldwährung zurückkehrt — auch in England — wird man kaum wieder Goldmünzen im täglichen Gebrauch verwenden. In Zukunft werden wahrscheinlich alle Länder ihren Goldvorrat stärker als vor dem Kriege durch Intensivierung bargeldloser Zahlungsmethoden ausnutzen.

Was die spätere Zukunft anbelangt, so bleibt die Frage ebenfalls offen, und prophezeien wäre zwecklos. Der Verfasser kann nur seiner persönlichen Überzeugung Ausdruck verleihen, daß die Zugänge zu dem Goldvorrat der Welt zusammen mit der Ausbreitung goldersparender Zahlungsmethoden im großen und ganzen sowohl das Wachstum der Weltproduktivität als auch das Streben der Völker nach Goldwährung und die Zunahme der Zahnkrankheiten sowie den Bedarf an Goldschmuck aufwiegen werden. Wenn dem so ist, so wird der Goldwert fortschreitend sinken. Ferner dürfen wir die Möglichkeit nicht übersehen, daß in Indien und Ostasien die Ausbreitung der Schulbildung und die industrielle Revolution allgemein zu einer Umwälzung in den Gewohnheiten des asiatischen Bauern führen können, der es bisher als die einzig würdige Form des Sparens anzusehen pflegte, das Edelmetall als Schmuck zu verwenden oder zu vergraben — eine Möglichkeit, die sogar dazu führen kann, daß die Riesengoldvorräte, die im Lauf der Geschichte zu solchen Zwecken aufgehäuft wurden, teilweise abgestoßen werden.

Jedenfalls bildet gerade die Unsicherheit bezüglich der Zukunft der Goldpreise den Kern des Problems. Man kann einen Wertmaßstab schwerlich als unerschütterlich und geheiligt ansehen, der der Gefahr ausgesetzt ist, dadurch umgestoßen zu werden, daß neue Bergwerke und neue bergmännische Verfahren entdeckt werden, daß einige südamerikanische Staaten sich zur Einführung oder einige europäische Staaten sich zur Abschaffung der Goldwährung entschließen, oder daß der indische Bauer und der Londoner Bankier gewisse vererbte Tabuvorstellungen abstreifen. Gewiß sind — von den Wirkungen auf die Goldproduktion ganz abgesehen — der Veränderlichkeit des Goldwerts enge Grenzen gezogen. Fiele der Goldwert beträchtlich, so würde mehr Gold industriell verwendet werden; ferner würden vielleicht einige Länder, die es sonst nicht getan hätten, versuchen, die Goldwährung einzuführen. Stiege der Goldwert beträchtlich, so würde man weniger Gold industriell verwenden; und ferner würden Länder, die sich sonst den Luxus einer Goldwährung geleistet hätten, vielleicht darauf verzichten. In beiden Fällen würden Kräfte in Bewegung gesetzt, die der ursprünglichen Bewegung entgegenwirkten. Nichtsdestoweniger ist der Wert des gelben Metalls, das ursprünglich als Geldstoff gewählt wurde, weil es die Phantasie von Wilden kitzelte, offenbar eine zu schwankende Größe, als daß man darauf den Wert unseres Geldes und die Stabilität unseres Wirtschaftssystems aufbauen könnte[1]).

4. Die Argumente zugunsten der Goldwährung. Gibt es aber einen besseren Weg? Wir haben in der Behandlung unterwertigen Geldes so große Fortschritte gemacht — könnte man nicht noch ein wenig weiterkommen? Bankkredite und Notenausgabe ließen sich, selbst wenn wir es wollten, nicht abschaffen: könnte man sie nicht auf wissenschaftlicher Grundlage regulieren? Kein Wunder, wenn nicht nur begeisterte Inflationisten, sondern auch nüchterne und wissenschaftlich anerkannte Denker sich gegen das Künstliche und Unpraktische an der Goldwährung auflehnen und dafür eintreten, daß man, welches eigentliche Ziel man immer erreichen will, dies mit Hilfe einer planmäßigen und rationellen Regulierung des Geldangebots anstrebt. Zu diesem Zweck sind Geldstücke, die für jede andere als die monetäre Verwendung wertlos wären, allen anderen entschieden vorzuziehen, sowohl weil ihre Herstellung nahezu nichts kostet, als auch weil infolgedessen

[1]) Vgl. Keynes: Indian Currency and Finance, London 1913, S. 101.

keine Gefahr besteht, daß ihr Wert je unter den des Stoffes sinkt, aus dem sie hergestellt sind (wie es bekanntlich z. B. selbst mit der Rupie geschehen ist); und mithin besteht keine Gefahr, daß Privatpersonen die Intentionen der Geldverwaltung durchkreuzen und ihre Berechnungen über den Haufen werfen, indem sie die Geldstücke aus dem Verkehr ziehen. Mit einem solchen Gelde ließe sich das Preisniveau annähernd stabil halten (vorausgesetzt, daß dies unser Ziel ist), wenn die Geldverwaltung bei jedem Anzeichen des Fallens Geld in die Zirkulation pressen und bei jedem Anzeichen des Steigens Mittel und Wege finden würde, die zirkulierende Geldmenge zu vermindern.

Bei solchen Reformplänen ist aber auf einige praktische Bedenken zu achten. Man erinnere sich des ungeheuren Druckes, der auf jedes Kreditbanksystem von innen und außen in der Richtung dauernder Erweiterung des Kreditvolumens wirkt, wie auch der ungeheuren Schwierigkeit, das Geldangebot so zu regulieren, daß es wirklich den Bedürfnissen des Verkehrs entspricht. Man erinnere sich auch des Druckes, der im Namen des Konsumenten auf die Regierungen ausgeübt wird, um dies und jenes — Kohlen, Eisenbahntransporte oder Wohnhäuser — irgendwie unter den Kosten zu beschaffen. Kein Wunder, wenn Banken wie Regierungen in Augenblicken einigen Verantwortungsgefühls ein mächtigeres Zaubermittel als eine rein metaphysische Indexzahl zur Hand haben möchten, um damit sowohl auf die Massen zu wirken als auch sich selbst danach zu richten. Dieselben Argumente, die gegen die Zerstörung des frommen Glaubens der guten Wilden sprechen, sprechen auch gegen die Zerstörung des frommen Glaubens (nicht der Politiker, die wohl keinen haben, sondern) der Bankiers und der Handelsredakteure. Hätte es nie eine Goldwährung gegeben, so müßte man vielleicht zu ihrem Nutz und Frommen etwas Derartiges erfinden.

Es wird erzählt, es habe in Johannisburg einmal einen Bergwerksdirektor mit einem Glasauge gegeben. Wenn Geschäfte ihn wegriefen, soll er sein Glasauge herausgenommen und an eine auffallende Stelle gelegt haben;

und solange des Herrn Auge auf ihnen ruhte, strengten sich die Arbeiter wie Kaffern an, was sie ja auch waren. Eines Tages schlich sich aber ein Arbeiter, mutiger als die andern, heimlich an das allsehende Auge heran und deckte es mit einer umgestülpten Zigarettenschachtel zu, worauf er und seine Kameraden prompt wegliefen und sich betranken. Ein Gleichnis für das, was geschehen dürfte, wenn jeder Schein einer Goldwährung ausgelöscht wäre.

Noch ein Gleichnis, das offenbar den Vorzug hat, wahr zu sein[1]). Es gibt unter den Karolinen-Inseln eine, die Insel Yap (Uap), deren Geld lediglich aus mächtigen Steinen, fei genannt, besteht; manche von ihnen sind so groß, daß sie nicht bewegt werden können, so daß selbst dann, wenn sie im Handelsverkehr den Besitzer wechseln, ihre physische Lage unverändert bleibt. In der Tat verdankt die reichste Familie diese ihre Position dem Umstand, daß sie Besitzerin eines Steines ist, der zufällig von einem Floß ins Meer fiel, als er vor vielen Jahren auf die Insel gebracht werden sollte. Mehrere Generationen lang lag dieser Stein auf dem Meeresgrund, und niemand von der heutigen Generation der Familie hat ihn je gesehen; und doch bezweifelt niemand, daß sie die reichste Familie der Insel ist. Vor einiger Zeit ließen die Eingeborenen die Landstraßen der Insel verfallen und weigerten sich ständig, sie auszubessern; die Deutschen, die damals Besitzer der Insel waren, mußten Mittel und Wege finden, um eine Geldbuße aufzuerlegen. Es wäre offenbar zwecklos gewesen, die Steine von der Insel wegschaffen zu wollen. „Schließlich wurde", so lautet die Erzählung, „dank eines glücklichen Einfalls die Strafe vollzogen, indem man einen Mann zu jedem failu und jedem pabai in allen rebellischen Distrikten schickte, der dort einfach eine Anzahl der wertvollsten fei mit einem schwarzen Kreuz versah, um zu zeigen, daß diese Steine von der Regierung beschlagnahmt seien. Das wirkte sofort wie ein Zauber; so schmerzhaft geschädigt, machten sich die Leute daran und besserten die Landstraßen von einem

[1]) Furness: Island of Stone money, Kap. VII, zitiert im Economic Journal, Juni 1915, S. 281.

Ende der Insel zum andern so gründlich aus, daß sie heute wie Parkwege aussehen. Daraufhin schickte die Regierung ihre Funktionäre und ließ die Kreuze entfernen. Also war die Strafe bezahlt, die glücklichen Failus nahmen wieder Besitz von ihrem Kapital und schwammen in Reichtum." Ein eben solcher Fetisch ist, wenn man so will, das Gold, aber es erfüllt seinen Zweck.

5. Ein verbesserter Wertmaßstab. Es gibt freilich einen mittleren Weg. Angenommen, wir könnten es so einrichten, daß die Regulierung der Geldmenge den Bewegungen einer Indexzahl der Preise entsprechend erfolgen und von seiten der regulierenden Instanz keinerlei weiterer Initiative und Befugnisse bedürfen würde, daß sie sich vielmehr automatisch durch einen Teil der Erwerbswirtschaften selbst zustande bringen ließe, die als gewöhnliche Wirtschaftssubjekte handeln. Angenommen ferner, daß es hierzu keiner anderen Maßnahmen bedürfte als des An- und Verkaufs jener besonderen Ware, des Goldes, dessen Überwachung so leicht zu bewerkstelligen ist und das auf die Menschen einen so ernüchternden Einfluß übt. Wäre das nicht ein Idealzustand?

Dies war der Plan, der von Professor Irving Fisher ausgearbeitet wurde und vor dem Kriege bei Denkenden in wachsendem Maße Anklang fand[1]). Im wesentlichen wird folgendes angeregt: der ganze Geldumlauf des Landes würde sich aus unterwertigem Gelde (token money) zusammensetzen; die Regierung wäre aber jederzeit verpflichtet, Gold gegen Währungsgeld und Währungsgeld gegen Gold herzugeben. Das Austauschverhältnis zwischen Währungsgeld und Gold — der amtliche Goldpreis — wäre jedoch nicht unveränderlich (wie in der Goldwährung), noch wäre es identisch mit dem jeweiligen Marktpreis des Goldes. Es würde mit einer Indexzahl der Preise nach Maßgabe eines bestimmten, bekanntgegebenen Schlüssels schwanken, und zwar so, daß es unter den Marktpreis des Goldes fallen würde, wenn die Güterpreise steigen und über den Markt-

[1]) Purchasing Power of Money (deutsch: „Die Kaufkraft des Geldes", übersetzt von J. Stecker, II. Aufl., Berlin u. Leipzig 1922, Kap. XIII) und spätere Schriften desselben Verfassers.

preis des Goldes steigen würde, wenn die Güterpreise fallen. Dementsprechend bestünde für das Publikum bei steigenden Güterpreisen der Anreiz, von der Regierung für (Export oder industrielle Zwecke) Gold zu kaufen, und so würde eine bestimmte Menge umlaufenden Geldes eingefangen und das Steigen der Preise unterbunden. Und wenn die Güterpreise fallen, so wäre es für das Publikum verlockend, der Regierung Gold zu verkaufen, und mithin würde eine bestimmte Geldmenge losgelassen werden und die Preise wieder in die Höhe treiben.

Gewiß wird für diesen Plan nicht absolute Unfehlbarkeit in Anspruch genommen. Es dürfte wohl schwierig, wenn nicht unmöglich sein, eine gleitende Skala zu konstruieren für die Bewegungen des amtlichen Goldpreises, die so funktionierte, daß durch sie jede Bewegung des allgemeinen Preisniveaus unter allen Umständen genau und sofort aufgehoben würde. Ferner würde die gleitende Skala gerade wegen ihrer Starrheit, die eine wesentliche Sicherung des Planes bedeutet, selbst in Fällen, in denen es von Nutzen wäre, plötzliche Maßnahmen verhindern und würde unter besonderen Umständen jeder Überprüfung der Frage, ob die Preise stabil gehalten werden *sollen*, Schwierigkeiten in den Weg legen. Trotz alledem scheint der Plan im Vergleich zu weitergehenden Konstruktionen sowohl, als auch der Goldwährung gegenüber sehr große Vorzüge zu besitzen. Denn er macht vollen Gebrauch von den unzweifelhaften Vorzügen des Goldes, wie von einer geschickten Magd, die für das Haus nützlich ist und auf die Mitglieder guten Einfluß hat: zugleich aber behandelt er es als Mittel und nicht als Zweck.

Möglicherweise war das Jahr 1919 in dieser wie in so mancher Hinsicht das Jahr verpaßter Gelegenheiten. Vielleicht wäre es in jenen heroischen Tagen, als die Seltsamkeit der Situation, in der man sich befand, und die Möglichkeiten, die sie für den Aufbau einer neuen Welt bot, tiefen Eindruck auf alle Gemüter machte, möglich gewesen, neben anderen auch diesen entscheidenden Schritt zu tun, um zur Herrschaft über die materiellen Faktoren zu gelangen, vor denen sich der Mensch zu seinem Leidwesen wie vor dem Winde hergetrieben sieht. Aber mit jedem Monat, der verstreicht, wachsen die Schwierigkeiten. Abgestoßen und ernüchtert, erbittert gegen die neue Welt, suchen die Wirtschaftskreise überall in wachsendem Maße jene vergleichsweise Stabilität und Ruhe der Vorkriegszeit wieder zu erlangen. Es mag sein, daß ihr Streben vergeblich ist, und daß ihnen heroische Anstrengungen nach mehr als einer Richtung aufgezwungen werden. Inzwischen geschieht aber so viel, was ihre Nerven aufreibt und sie skeptisch macht, daß es allem Anschein nach besser sein dürfte, sie nicht noch mehr zu irritieren, indem man für einen noch so wichtigen Vorschlag wie denjenigen von I. Fisher ihr Verständnis erzwingt. Seine Zeit wird hoffentlich kommen. Wenn wir indessen gefragt werden, ob wir zum Golde als Wertmaßstab zurückkehren sollen, so müssen wir wohl antworten: Im Prinzip gewiß: nicht, weil es ein guter Wertmaßstab ist, nicht, weil es keinen besseren gäbe, sondern weil es besser ist als gar keiner, worauf es in der Praxis doch heute vor allem ankommt.

Siebentes Kapitel.

Die Wechselkurse.

1. Die normalen Wechselkurse. Es gibt jedoch noch ein weiteres Argument zugunsten der Wiederherstellung der Goldwährung. Ein Land, das selbstgenügsam und von der übrigen Welt isoliert wäre, hätte die Möglichkeit, sich irgendeine Idealwährung zu schaffen, und brauchte sich um die Welt nicht weiter zu kümmern. In Wirklichkeit ist man aber in Europa auf den Einkauf ausländischer Nahrungsmittel, die mit ausländischem Geld bezahlt werden müssen, und auf den Verkauf von Produkten der eigenen Industrie im Ausland angewiesen, für die man Zahlung in fremdem Geld annehmen muß. Mithin sind die Leute, ob sie es wissen oder nicht, notgedrungen an dem unerfreulichen Gegenstand der sog. fremden Wechselkurse interessiert, d. h. an dem Verhältnis des Wertes des eigenen Geldes zu den Einheiten des Geldes fremder Länder. Wir müssen daher untersuchen, wie dieses Wertverhältnis heutzutage bestimmt wird und wie es unter anderen Verhältnissen bestimmt werden könnte.

Sehen wir uns zu diesem Zweck zunächst zwei Länder an, etwa England und Utopien, deren Einwohner in wirtschaftlichen Beziehungen zueinander stehen, wobei die einen in Pfund, die anderen, sagen wir, in Utopen rechnen. Wenn sich der Mann vom „gesunden Menschenverstand" gegen diesen wissenschaftlichen Kunstgriff auflehnt und uns vorwirft, daß es gerade genug reale Länder auf der Welt gibt, ohne daß man neue zu erfinden braucht, so können wir ihm nur antworten, daß dies in boshafter Absicht und mit Vorbedacht geschehen ist. Hätten wir irgendein reales Land, etwa Frankreich, als Beispiel gewählt, so würde es uns schwer fallen, von dem vorgefaßten Gedanken loszukommen, daß 1 Pfund 25 Francs wert sein sollte; und dadurch würde von vornherein Verwirrung geschaffen.

Bleiben wir also bei England und Utopien, und nehmen wir für einen Augenblick an (wenn es uns der Mann vom gesunden Menschenverstand erlaubt), daß es zwischen beiden sozusagen nur eine mathematische Grenze gibt, und daß sie weder Import- noch Exportzölle erheben. Was bestimmt dann das wechselseitige Wertverhältnis der beiden Währungen — den sog. Wechselkurs zwischen Pfunden und Utopen[1]?

Das rührt die Vorfrage auf, wie es kommt, daß das Geld des einen Landes in Einheiten des anderen überhaupt einen Wert hat, daß Pfunde in Utopen ausgedrückt werden und umgekehrt. Die Antwort lautet, daß zwischen den Einwohnern der beiden Länder geschäftliche Verbindungen

[1]) Zum Folgenden vgl. Cassel: „Memorandum for Brussels Conference" (deutsch unter dem Titel „Das Währungsproblem der Welt", München 1919, erschienen) und die Artikel im „Economic Journal" März 1916, September 1916, Dezember 1918 und Dezember 1919.

bestehen, und daß es infolgedessen Utopier gibt, die Forderungen auf englisches Geld haben und dieselben gegen utopisches Geld verwerten wollen, während andere Utopier gegen ihr Geld solche Forderungen erwerben wollen. Zu der ersten Gruppe werden diejenigen gehören, die Güter nach England gesandt und dort verkauft oder Leuten in England andere Dienste erwiesen haben oder Zinsen auf Kapital beziehen sollen, das sie in früheren Jahren in England investiert haben. Die zweite Gruppe wird diejenigen umfassen, die aus England Güter bestellt haben und bezahlen müssen oder sonst irgendwie Dienste von Engländern in Anspruch genommen haben oder sich in der unangenehmen Lage befinden, Kapital, das sie früher in England geborgt haben, dort zu verzinsen, oder die ihre Ersparnisse in England anlegen wollen. Es wird freilich auch Engländer geben, die aus entsprechenden Gründen utopisches Geld erlangen oder darüber verfügen wollen: wir können aber die Sache vereinfachen (ohne von den wirklichen Verhältnissen der Gegenwart allzusehr abzuweichen), indem wir vorläufig annehmen, daß alle Geschäfte (sei es zwischen Engländern oder Utopiern) auf Summen englischen Geldes lauten, und daß sie alle in Utopien stattfinden, wo diese Forderungen auf englisches Geld gegen vorhandenes utopisches Geld ge- und verkauft werden.

Nun können wir zu unserer Hauptfrage zurückkehren: Was bestimmt den Wechselkurs zwischen Pfunden und Utopen? Als erste Annäherung an eine exakte Antwort kann gesagt werden, daß das normale Niveau dieses Kurses durch die in Geldeinheiten der beiden Länder ausgedrückten relativen Preise derjenigen Güter bestimmt wird, die zwischen beiden getauscht werden. Wenn z. B. ein Scheffel Weizen in England 5 Pfund und in Utopien 25 Utopen kostet, so wird der Wechselkurs die Tendenz haben, sich auf dem Niveau von 5 Utopen für das Pfund zu halten. Und zwar aus folgendem Grunde: Angenommen, man könnte jemals 6 Utopen für 1 Pfund erhalten, so würde man 25 Utopen verwenden, um einen

Scheffel Weizen in Utopien zu kaufen, würde diesen Weizen für 5 Pfund in England verkaufen, die 5 Pfund gegen 30 Utopen umtauschen und mithin einen Gewinn von 5 Utopen machen. Nehmen wir dagegen an, 1 Pfund würde nur 4 Utopen kosten, so würde man 20 Utopen zur Beschaffung von 5 Pfund verwenden, damit einen Scheffel Weizen in England kaufen, um diesen Weizen für 25 Utopen in Utopien zu verkaufen, und mithin wiederum einen Gewinn von 5 Utopen machen. In beiden Fällen würden so viele Leute derartige Geschäfte machen, daß der Preis des Pfundes im ersten Fall so lange nach oben getrieben, im zweiten Fall so lange nach unten gedrückt würde, bis er das alte Niveau von 5 Utopen wieder erreicht hätte. Mithin gilt der Satz, daß der Wechselkurs zwischen zwei Ländern mit voneinander unabhängigen Währungen dahin tendiert, die vergleichsweise Kaufkraft der beiden Landesgelder gegenüber denjenigen Gütern zum Ausdruck zu bringen, die zwischen beiden den Gegenstand des Handels bilden. Und diese Anpassung kommt nicht kraft irgendwelcher mysteriösen Fernwirkung, sondern durch die natürlichen Wirkungen zustande, die zeitweilige Abweichungen von dem Normalstand der Wechselkurse auf das Wollen und Handeln der Beteiligten ausüben.

Es ist noch hinzuzufügen, daß der Wechselkurs jederzeit von diesem Normalniveau bis zu einem gewissen Grade abweichen kann, der von der Höhe der Transportkosten und (etwaigen) Lasten auf diejenigen Güter abhängt, welche zwischen beiden Ländern am meisten gehandelt werden. Angenommen z. B., die Versendung eines Scheffels Weizen von Utopien nach England koste 5 Utopen, so könnte der Wechselkurs 6 Utopen für das Pfund erreichen, ohne den Einkauf von Weizen in Utopien und seine Versendung nach England rentabel zu machen. Und angenommen, der Transport eines Scheffels Weizen von England nach Utopien würde $1^1/_4$ Pfund kosten, so könnte der Wechselkurs auf 4 Utopen für das Pfund stehen, ohne den Ankauf von Weizen in England und den Versand nach Utopien gewinnbringend zu machen.

2. Güterpreise und Wechselkurse. Lassen wir aber die Transportkosten wieder beiseite, um die Veränderungen des normalen Wechselkursstandes ins Auge zu fassen. Nehmen wir an, Utopien würde seine Geldmenge sehr vermehren, so tritt im wesentlichen folgendes ein: Das Preisniveau in Utopien wird sich, sagen wir, verdoppeln. Mithin wird es rentabel, sich für 25 Utopen 5 Pfund zu verschaffen, damit in England 1 Scheffel Weizen zu kaufen und diesen in Utopien für 50 Utopen zu verkaufen, wobei ein 100 proz. Gewinn entsteht. Naturgemäß werden sich aber so viele Leute dieser einträglichen Beschäftigung widmen, daß die Nachfrage nach Pfund, in Utopen gerechnet, sehr steigt, bis schließlich das Pfund gegen doppelt soviel Utopen wie ursprünglich getauscht wird. Während der Dauer dieses Anpassungsprozesses fließt ein Güterstrom von England nach Utopien und führt in England die Tendenz zu allmählichem Steigen, in Utopien zu allmählichem Fallen der Preise herbei; sobald jedoch der angemessene Wechselkurs erreicht ist, hört diese Exportprämie für England auf. Der neue Kurs von 10 Utopen für das Pfund ist ein normaler oder Gleichgewichtskurs und wird durch genau die gleichen Kräfte, wie früher der alte Kurs, aufrechterhalten.

Das ist im wesentlichen die Entwicklung der intervalutarischen Kurse während und nach dem Kriege. Die verschiedenen Länder haben ihre Geldmengen in verschiedenem Ausmaß vermehrt, ihr Preisniveau stieg ungefähr dementsprechend, und ihre gegenseitigen Wechselkurse (soweit und sobald sie von staatlicher Manipulation verschont blieben) änderten sich ebenfalls ungefähr dementsprechend. Hier einige Zahlen über die vergleichsweise Entwicklung der Preise und der Wechselkurse für einige wichtige Länder zwischen 1913 und Mai 1920[1]):

---

[1]) Memorandum for Brussels Conference, No. III, S. 41 ff. u. 28—29, ergänzt durch den Supreme Council Bulletin of Official Statistics.

	Preisniveau	Wechselkurs
Vereinigte Staaten	100	100
Frankreich	203	247
Italien	242	325
England	112,5	124
Schweden	133	125
Canada	97	112
Japan	100	97
Deutschland	572	903
Niederlande	95	110
Norwegen	147	146

Die erste Spalte dieser Tabelle besagt, daß, wenn das Verhältnis der Großhandelspreise in den Vereinigten Staaten im Mai 1920 zum Niveau der dortigen Großhandelspreise von 1913 gleich 100 gesetzt wird, das Verhältnis der französischen Großhandelspreise im Mai 1920 zu den französischen Großhandelspreisen von 1913 203 beträgt usw.[1]). Die zweite Spalte besagt, daß der amerikanische Dollar im Mai 1920 in französischen Francs 247%, in italienischen Lire 325% usw. des Standes von 1913 kostete.

Man darf diese Zahlen nicht allzu ernst nehmen. Erstens sind Indexzahlen der Preise willkürlich, und die Verwendung anderer Indexzahlen hätte zu anderen Ergebnissen geführt. Zweitens beziehen sich Indexzahlen auf Güter im allgemeinen und nicht speziell auf diejenigen, die den Gegenstand des internationalen Handels bilden; während man nur von den Preisbewegungen dieser letzteren erwarten sollte, daß sie strikt den Wechselkursänderungen parallel gehen. (Dies ist besonders dort wichtig, wo die heimischen Preise durch staatliche Manipulation oder Regulierung künstlich niedrig gehalten wurden, und ganz besonders in den Ländern, bei denen wir uns der Kleinhandelspreise für Nahrungsmittel bedienen müssen, die für unseren Zweck sehr ungeeignet sind, weil sie dem obrigkeitlichen Eingriff ausgesetzt sind und weil sie einen Lohn für die Leistung des Geschäfts-

[1]) Für die Niederlande und Norwegen beziehen sich die Angaben auf Veränderungen der Detailhandelspreise für Nahrungsmittel seit 1914, verglichen mit den entsprechenden Änderungen in den Vereinigten Staaten. Für Deutschland bezieht sich der Vergleich auch auf 1914, aber auf Großhandelspreise.

mannes enthalten, die nicht international beweglich ist.) Drittens ist die Parallelität im fraglichen Monat enger als es in einem anderen Monat der Fall sein würde. Viertens würde sie für einige Länder enger, für andere weniger eng ausfallen, wenn man ein anderes Land (etwa England) als Basis gewählt hätte. Bei alledem reichen die Zahlen doch aus, um sowohl das übliche Durchschnittsverhältnis zwischen Preisniveau und Wechselkursen zu veranschaulichen, als auch um die Aufmerksamkeit auf einige offenkundig abnorme Fälle zu lenken, von denen Deutschland der auffälligste ist. Kehren wir noch einmal zu unserem Utopien zurück, um zu verstehen, wie solche abnorme Fälle entstehen können.

3. Sonstige Einflüsse auf die Wechselkurse. Nehmen wir noch einmal an, Utopien würde seine Geldmenge sehr vermehren und sein Preisniveau verdoppeln, dem Export von Gütern aus England würden aber Hindernisse in den Weg gelegt werden. Dann sind die Methoden, die im vorigen Fall die Anpassung herbeigeführt haben, nicht mehr gangbar. Man kann nicht mehr Güter in England einkaufen und in Utopien verkaufen, und die Leute haben folglich keinen Anreiz, das Pfund so lange in die Höhe zu treiben, bis das Verhältnis zwischen Pfunden und Utopen ein neues Gleichgewicht erreicht. In solchem Fall entsteht trotz der Veränderung des beiderseitigen Preisniveaus keine Änderung der Wechselkurse. Ein Beispiel dafür bot Schweden während des Krieges. Dort fand eine große Vermehrung des Zahlungsmittelangebots und ein beträchtliches Steigen des Preisniveaus infolge des Goldzuflusses statt. (Vgl. S. 85.) Unter den Kriegsverhältnissen war es jedoch nicht leicht möglich, Güter etwa aus England zu importieren, um die hohen schwedischen Preise auszunutzen; so daß die Zahl der schwedischen Kronen, die zum Güterankauf in England in englische Pfunde umgewechselt werden sollten, nicht zunahm; folglich änderte sich der Wechselkurs nicht zugunsten des Pfundes.

Dasselbe ließe sich überall bewirken, wo man den Import ausländischer Güter willkürlich verbietet oder einschränkt. Auf solche Weise kann ein Land, wenn es ihm lohnend erscheint, die Bewegungen seines Preisniveaus von denen seiner Wechselkurse mehr oder weniger loslösen und die heimischen Preise steigen lassen, ohne ein Sinken im Wert seines Geldes den fremden Geldarten gegenüber herbeizuführen. Da aber das fremde Geld vor allem gerade zur Bezahlung der Importe benötigt wird, würde eine solche Politik großen Maßstabs dazu führen, daß man den Zweck für die Mittel opfert. Freilich kann es unter gewissen Umständen lohnend erscheinen, den Preis des fremden Geldes durch teilweise Verhinderung der Einfuhr in dieser Weise niedrig zu halten, sei es um eine Auswahl unter den Einfuhrgütern treffen oder eine fällige Schuld zu günstigen Bedingungen zurückzahlen zu können. Anfang 1920 sah es so aus, als ob Frankreich diesen Weg beschreiten wollte, es scheint ihn aber nicht ernstlich verfolgt zu haben.

Nun eine weitere Möglichkeit. Nehmen wir wieder an, Utopien würde seine Geldmenge sehr vermehren, aber infolge von Schwierigkeiten oder wegen staatlicher Eingriffe in die Preisregelung gäbe es kein genügendes oder sofort entsprechendes Steigen des Preisniveaus. Dann würden auch die Wechselkurse nicht durch einen Güterstrom beeinflußt, der zur Ausnutzung der hohen Preise nach Utopien fließen würde: denn unsere Annahme geht ja dahin, daß die Preise nicht beträchtlich gestiegen waren. Es folgt jedoch daraus keineswegs, daß sich der Wechselkurs nicht gegen Utopien wenden würde. Denn die Utopier könnten das Vertrauen zu ihrem eigenen Geld oder gar zu der wirtschaftlichen Zukunft ihres Landes verlieren. Oder sie könnten sich mit Rücksicht auf eine heimische Teuerung veranlaßt sehen, dem Export von Gütern Schwierigkeiten in den Weg zu legen, und dennoch gezwungen sein, sich die zum Unterhalt der Massen und zur Abwehr politischer Unruhen nötigen Importe zu beschaffen. Oder vielleicht wüßten manche von ihnen, allen Verhinderungsversuchen ihrer Regierung zum Trotz, aus dem Ausland Luxusgüter hereinzuschmuggeln, die bezahlt werden müßten. Aus allen diesen Gründen könnten sie aufs heftigste darauf erpicht sein, sich Forderungen auf englisches Geld zu verschaffen — sie könnten sogar ihr Geld eigens zu diesem Zweck vermehrt haben. Diese verzweifelte Anstrengung der Utopier wird die Wechselkurse weit über das Ausmaß hinaus verschlechtern, das der Vermehrung ihrer Geldmenge und erst recht dem Steigen ihres Preisniveaus entspricht.

Damit haben wir eine ziemlich exakte Darstellung der intervalutarischen Lage Deutschlands seit dem Waffenstillstand nicht nur England, sondern der ganzen westlichen Welt gegenüber gegeben. Die deutsche Regierung war aus Angst vor politischer Rückwirkung auf die Arbeiter bemüht, das Steigen der heimischen Preise zu hemmen; aus demselben Grunde suchte sie auch um jeden Preis Nahrungsmittel zu bekommen und zugleich zu verhindern, daß Deutschland sich ausverkaufte, indem es alles exportierte was irgend beweglich war. Zugleich wurde ihre Politik durch den Import von Luxusgütern durch das Loch im Westen — die besetzten Gebiete — sowie durch das Bestreben der deutschen Kapitalisten, ihr Kapital aus Angst vor Kriegsentschädigung und Besteuerung hinauszuschaffen, durchkreuzt. Aus diesen Gründen stiegen die deutschen Preise nicht parallel mit der Vermehrung der Geldmenge[1]), während der Preis der Mark gegenüber den fremden Geldarten in einem Maße fiel, das zur Geldvermehrung und Preissteigerung in keinem Verhältnis stand.

Wir haben Deutschland als Beispiel gewählt, weil es geradezu eine Musterkollektion von besonderen Einflüssen auf die Wechselkurse produziert hat. Einige der genannten Faktoren waren aber auch in Frankreich und Italien wirksam, woraus sich erklärt, weshalb ihre Wechselkurse gegenüber England und Amerika so sehr viel ungünstiger waren, als es nach den Veränderungen ihres Preisniveaus zu er-

[1]) Das trifft bekanntlich für die Nachkriegszeit bis etwa Ende 1922 zu, während die Entwicklung seither eine schwankende wurde, mit zeitweilig rascherem Steigen der Preise, als es der Geldvermehrung entsprach, zumal seit dem fortschreitenden Abbau der im Text gemeinten Zwangswirtschaft und Außenhandelskontrolle. (Anm. des Herausgebers.)

warten gewesen wäre. Wenn die Utopier englisches Geld in die Hand bekommen müssen, um für englische Güter oder sonstige Verpflichtungen gegen England Zahlungen zu leisten, und wenn sie sie nicht durch Verkauf von Gütern und Dienstleistungen, deren die Engländer bedürfen, bekommen können, so muß die Dringlichkeit dieser ihrer Bedürfnisse in einem fortschreitenden Fall des Wertes der Utopen gegenüber dem Pfund ihren Ausdruck finden.

4. Falsche Ansichten über die Wechselkurse. Es gibt Leute, die noch immer glauben, es gäbe so etwas wie eine Naturnotwendigkeit, kraft deren die Wechselkurse früher oder später zum Vorkriegsstande zurückkehren müßten. Aus dem in diesem Kapitel Dargelegten geht bereits hervor, daß dem nicht so ist: die Wechselkurse mögen durch Aufnahme neuer und Rückzahlung alter Schulden, durch Kriegsgerüchte und spekulative Manöver (coups) von der normalen Entwicklung abgelenkt werden, auf die Dauer hängen sie jedoch von dem inneren Preisniveau der einzelnen Länder ab — d. h. im großen und ganzen von dem Verhältnis, das die einzelnen Länder zwischen Geldschaffung und Güterproduktion innehalten. Niemand kann genau vorhersagen, wie sich dieses Verhältnis jeweils gestalten wird: es ist aber, gelinde gesagt, sehr unwahrscheinlich, daß die österreichische Krone oder die deutsche Mark zu unseren Lebzeiten je wieder in Dollar oder auch nur in Pfunden soviel wert sein wird wie vor dem Kriege.

Andere Leute wiederum neigen zu dem Glauben, daß der ungünstige Stand der Wechselkurse eines Landes im Vergleich zur Vorkriegszeit der Beweis dafür sei, daß dieses Land nach wie vor mit seinen Zahlungsverpflichtungen gegenüber dem Ausland im Rückstand sei. Das ist auch nicht richtig. Richtig ist daran, daß, wenn England mit seinen Zahlungen an die Vereinigten Staaten in Rückstand gerät, diese Tatsache in fallendem Dollarwert des Pfundes ihren Ausdruck findet: die bloße Tatsache jedoch, daß der Dollarwert des Pfundes gegenüber dem Stand von 1914 niedrig ist, beweist noch keineswegs, daß das hieran liegt, und in der Tat liegt heutzutage kein Grund zu solcher Annahme vor.

Schließlich ist auch die Meinung verbreitet, daß ein Land, wenn es mit seinen Zahlungen ans Ausland in Rückstand gerät, irgendwie zurechtkommen könne, wenn es nur bereit sei, eine entsprechende Verschlechterung der Wechselkurse in Kauf zu nehmen. Das ist wiederum nicht richtig[1]). Angenommen z. B., der Wechselkurs zwischen Utopien und England betrüge 5 Utopen pro Pfund; angenommen ferner, die Utopier müßten in einer bestimmten Woche zur Bezahlung von Einkäufen in Höhe von 1 Million Pfund Forderungen auf England erwerben, und angenommen, die Pfundforderungen, die aus dem Verkauf utopischer Güter usw. in England erwachsen und in Utopien erhältlich sind, beliefen sich nur auf $^3/_4$ Millionen Pfund: dann wird die Konkurrenz um den Besitz dieser $^3/_4$ Millionen Pfund den Pfundsterlingwert des Utopen herunterdrücken; so viel Utopen man aber auch dort für diese erhältlichen $^3/_4$ Millionen Pfund geben mag, jedenfalls wird man sich gezwungen sehen, sich in England irgendwie einen Kredit von $^1/_4$ Million Pfund zu verschaffen, um die Pfundverpflichtungen erfüllen zu können. Es gibt freilich einen Ausweg aus der momentanen Schwierigkeit. Die Utopier könnten ihr eigenes Geld nach England schicken, in der Hoffnung, dort Spekulanten zu finden, die es in Erwartung zukünftiger Steigerung seines Sterlingwertes glatt gegen Pfunde aufkaufen. Aber selbst wenn man diesen Ausweg wählt, stellt der Fall des Sterlingwertes des Utopen das Gleichgewicht nicht automatisch wieder her. Wie auch der Wechselkurs stehen mag, ein Gleichgewicht wird nur erreicht, wenn die Besitzer der Pfunde bereit sind, dieselben zu diesem gegebenen Kurs gegen Utopen herzugeben. Und je mehr sich der Wechselkurs gegen Utopien wendet, um so größer die Zahl der Utopen, die ausgeführt werden müssen, um die Mittel zur Begleichung einer gegebenen Pfundschuld zu erlangen. Ist die Neigung, den Utopiern zu borgen oder

---

[1]) Vgl. Bickerdike im Economic Journal, März 1920.

in Utopen zu spekulieren, in England gering, so kann der Wechselkurs grenzenlos fallen; und je tiefer er fällt, um so größer, im eigenen Geld gerechnet, die Verschuldung der Utopier.

Diese Methode, das eigene Geld zu sehr ungünstigem Kurs ins Ausland zu verkaufen, ist von Deutschland in großem Stil angewandt worden. Ihr ist es zu verdanken, daß Deutschland in der Lage war, die im vorigen Abschnitt erwähnten Ziele zu erreichen — aber nur, weil [und solange] es Leute gab, die geneigt waren, zu dem sehr niedrigen Kurs in Mark zu spekulieren. Freilich, vom Standpunkt des deutschen Volkes, wenn auch nicht vom Standpunkt des einzelnen Deutschen, stellt diese Unmasse deutschen Geldes in fremden Händen eine kaum leichter wiegende Drohung dar als eine entsprechende Masse gewöhnlicher Zahlungsversprechen.

Es wäre also ein falscher Glaube, daß es für ein Land genüge, sich ungünstigen Wechselkursen zu unterwerfen, um seine Lage zu verbessern und sich Extravaganzen leisten zu können. Fallender Wechselkurs ist kein magischer Vergleich mit den Gläubigern, der es einem Volke ermöglichen würde, zuviel auszugeben, ohne in Schulden zu geraten.

5. Die Wechselkurse bei einer internationalen Währung mit unterwertigem Währungsgeld. Soviel über die Art und Weise, wie die Wechselkurse heute reguliert werden, wenn jedes Land eine selbständige Währung hat. Wie wäre es dagegen, wenn jedes Land ein unterwertiges Währungsgeld hätte, daß man (im Sinne der Anregung im vierten Kapitel, Abschnitt 4) nach Maßgabe von Indexzahlen regulierte? Von außerordentlichen Krediten abgesehen, wären dann keine heftigen Veränderungen der Wechselkurse zu erwarten: es könnte sich höchstens um kleine Abweichungen handeln. Angenommen z. B., das englische Preisniveau wäre etwas gestiegen, während das utopische etwas gefallen ist, so würde ein Güterstrom von Utopien nach England fließen, um die höheren Preise auszunutzen, und der Wechselkurs würde sich gegen England kehren. Derselbe Güterstrom würde jedoch in Utopien durch Verminderung der Menge die Preise der Güter steigern und sie in England durch Vermehrung der Menge senken und mithin dazu beitragen, die Spannung zwischen den beiden Preisniveaus zu beseitigen, die die beiderseitigen Regierungen wohl auch auf anderen Wegen zu beseitigen suchen würden: kurz, der Wechselkurs käme wieder auf seinen alten Stand zurück.

Man hat aber die Frage aufgeworfen, ob es nicht möglich wäre, daß die Zivilisation noch weiter fortschritte und man zu einem unterwertigen Geld mit Geltung für alle Zahlungen im internationalen Verkehr gelangen könnte. Wäre dieses internationale Geld zugleich das Währungsgeld eines jeden Landes, so würden sich die Wechselkurse auf die einfachste und (wenigstens vom Standpunkt des Sozialökonomen) befriedigendste Weise stabilisieren: sie wären überhaupt abgeschafft. Es wäre aber gar nicht nötig, so weit zu gehen. Jedes Land könnte sein eigenes Währungsgeld für interne Zwecke beibehalten und das internationale Geld nur für Zahlungen von und nach dem Ausland verwenden. Die Verantwortung dafür, daß der Wert des internationalen Geldes gegenüber den Gütern stabil bleibt, fiele dann der internationalen Behörde zu, die es ausgibt; und die Pflicht jeder nationalen Behörde wäre darauf beschränkt, den Wert des eigenen nationalen Geldes gegenüber dem internationalen stabil zu erhalten. Das ließe sich erreichen, indem man das internationale Geld den eigenen Bürgern, die es vom Ausland in Zahlung erhalten, zu einem festen Kurs abkauft und denjenigen, die damit Zahlungen nach dem Ausland zu leisten haben, zu demselben Kurs verkauft; dabei könnte es sich bei großen Veränderungen allerdings notwendig erweisen, die Kurse nach der einen oder anderen Richtung etwas zu ändern. Die nationale Behörde würde sich bewußt sein, daß, wenn sie zuviel eigenes Geld entstehen ließe, so daß das heimische Preisniveau über das anderer Länder steigen würde, es dann einen Güterzufluß ins eigene Land und mithin Nachfrage nach internationalem Geld gäbe, um ihn zu bezahlen; und da ihr nicht unbeschränkte Mengen internationalen Geldes zur Verfügung ständen, so wäre sie zu vorsichtiger Politik gezwungen. Wenn sich ferner dieser Zufall verwirklichen sollte, so könnte sie ihren Bürgern internationales Geld nur im Austausch gegen nationales aushändigen; und mithin würde sie Teile des nationalen Geldangebots aufsaugen, das die Störung des Preisniveaus verursacht hat. Unter einem solchen System würden mithin alle Geschäfte zwischen Angehörigen verschiedener Länder in internationalem Geld getätigt werden, und obwohl die Wechselkurse nicht ganz verschwinden würden, da ja jedes nationale Geld einen bestimmten Wert in Einheiten des internationalen hätte, so würden sie doch absolut stabil gehalten.

Wer soll aber die internationale Behörde sein und nach welchen Grundsätzen soll das internationale Geld zugeteilt werden? Da fangen leider die Schwierigkeiten an. Was den ersten Punkt anbelangt, so handelt es sich in der Tat um eine dornenvolle und undankbare Aufgabe für einen erst heranwachsenden Völkerbund. Bezüglich des zweiten liegt der Gedanke nahe, daß die internationale Behörde, ähnlich wie in Irving Fishers Plan die nationale, das Angebot an internationalem Geld durch Goldan- und -verkäufe regulieren sollte. Unglücklicherweise hätten aber bei diesem Plan heutzutage manche Länder kaum die Möglichkeit, internationales Geld zu bekommen, da sie für diesen Zweck keine nennenswerten Goldvorräte besitzen. Es gibt aber noch verschiedene andere Möglichkeiten. Die internationale Behörde könnte ihr Geld in Austausch gegen Güter hergeben: dann würde sie jedoch ein höchste Ehren genießender, aber sehr überfüllter Laden werden. Oder sie könnte es im Austausch gegen verschiedene Arten nationalen Geldes emittieren: dann wäre es aber nicht zu verhindern, daß irgendein Land seine Geldmenge unbegrenzt vermehrte, um dagegen internationales Geld zu erwerben. Der einzige Weg, auf dem der internationalen Behörde die reale Macht über die Menge des eigenen Geldes gesichert werden kann, scheint also der zu sein, daß dieses Geld auf Grund von Krediten ausgegeben und der Umfang der Kredite nach Maßgabe der Preisniveau-Änderungen reguliert wird.

In der Tat charakterisieren sich Vorschläge zur Einführung eines internationalen Geldes meist als Ratschläge für die Erleichterung einer neuen Kreditform. Nun wird gewiß niemand bestreitcn, daß die Gewährung von Krediten — mag es sich um private, staatliche oder internationale handeln — zu den Maßnahmen gehört, die unumgänglich sind, um das wirtschaftliche Gleichgewicht und das Gedeihen der verarmten und aus den Fugen gebrachten Welt wieder herzustellen. Die Durchführung einer klugen Anleihepolitik ist jedoch eine schwierige Aufgabe, die wegen ihrer eigenen Bedeutung gelöst werden muß und die wohl kaum erleichtert wird, wenn man sie mit grundstürzenden Währungsreformprojekten verquickt. Solange wir von einer effektiven internationalen Autorität weit entfernt sind und solange es eine große Zahl unglücklicher Nationen gibt, die nach neuen Wegen zur Bezahlung alter Schulden fahndet — ist es anzunehmen, daß Vorschläge zur Einführung eines internationalen unterwertigen Währungsgeldes noch eine gute Weile zu warten haben.

6. Die Wechselkurse bei Goldwährung. Denjenigen, die alt genug sind, um sich an die Zeit vor 1914 zu erinnern, wird es nicht entgangen sein, daß manche der Vorzüge, die für ein internationales unterwertiges Geld in Anspruch genommen worden sind, unter der Goldwährung verwirklicht waren. Jedes Goldwährungsland hielt in der Tat einen Vorrat an internationalem Geld, das zwar nicht ganz wertbeständig war, aber in allen anderen Ländern zu einem bekannten Preis leicht abgesetzt werden konnte. Stieg das Preisniveau in England etwa rascher oder fiel es langsamer als anderwärts, so sandte man Güter nach England, von wo (in Ermangelung genügender Mittel anderer Art) Gold exportiert wurde, um die Güter zu bezahlen. So brachte man das beiderseitige Preisniveau wieder auf gleiche Höhe, und es gab keine Wechselkursschwankungen über das bescheidene Ausmaß hinaus, bis zu dem Schwankungen durch die Abneigung der Leute bedingt sind, Mühe und Kosten der Goldversendung ins Ausland auf sich zu nehmen, wenn sie ihre Verpflichtungen auf andere Art erfüllen können.

In Wirklichkeit wird es wahrscheinlich gar nicht nötig sein, daß Güter nach England fließen. Um dies richtig zu verstehen, muß man etwas vor Augen halten, worüber Näheres im nächsten Kapitel zu sagen sein wird, nämlich die Methode der englischen Banken, mit deren Hilfe sie ihren Entschlüssen über den Umfang der zu gewährenden Kredite normalerweise Geltung verschaffen. Die Methode besteht in der Regelung des Zinsfußes, zu dem Kredite gewährt werden sollen; und von der Bank von England, der mit der Regierung zusammen die Verantwortung der Versorgung mit gesetzlichen Zahlungsmitteln obliegt, erwartet man, daß sie als Führerin vorangeht. Fallen des Zinsfußes lockt Kreditnehmer heran, während ein Steigen sie fernhält. Zu diesen Kreditnehmern gehören nun nicht bloß englische Unternehmer, sondern auch Ausländer. Wenn der Zinsfuß in England etwa im Vergleich zu Amerika niedrig ist, so werden Amerikaner es lohnend finden, in England zu borgen[1]). Die Forderungen auf englisches Geld, die sie solcherweise erwerben, werden sie in Amerika gegen Dollars verkaufen, die sie dort für ihre Geschäfte brauchen; und der Verkauf dieser Pfundforderungen wird den Wechselkurs gegen England kehren.

Mithin werden die Wechselkurse jeweils nicht nur durch das Verhältnis der beiderseitigen Preisniveaus, sondern auch durch das Verhältnis der Zinssätze bestimmt, die von den Banken des einen Landes im Vergleich zu denen im anderen gefordert werden. Diese beiden Faktoren sind jedoch keineswegs völlig unabhängig voneinander. Denn wenn die Preise z. B. in England weiter steigen als anderwärts, so zeigt dies, daß die englischen Banken zu freigiebig Geld schaffen und daß mithin der von ihnen geforderte Zinsfuß wohl niedriger ist als der sonst übliche: und die Rückwirkung auf die Wechselkurse durch den Zinsfuß und die Kreditinanspruchnahme von seiten des Auslandes ist unmittelbarer und prompter als die durch das Preisniveau und den Güterzu- und -abfluß.

---

[1]) Über das Funktionieren der Finanzwechsel (finance bills), mit deren Hilfe dieses Borgen bewerkstelligt wird, vgl. die Schriften von Hartley Withers, z. B. „Money Changing“, Kap. 6 und 7.

Bei Goldwährung würde eine solche Wendung der Wechselkurse gegen England die englische Bankwelt alarmieren; denn bei weiterem Fortschreiten hätte sie zur Folge, daß die ausländischen Kreditnehmer ihre Forderungen auf englisches Geld dazu benutzten, um Gold aus London zu holen, statt jene Forderungen in ihrer eigenen Heimat zu ungünstigen Kursen zu veräußern. Um also ihre Goldreserven zu schützen, würden die englischen Banken den Zinsfuß erhöhen, auf diese Weise die ausländischen Kreditnehmer abschrecken und die Verschlechterung der Wechselkurse aufhalten. Diese selbe Zinsfußsteigerung würde jedoch die heimischen Kreditnehmer ebenso abschrecken: mithin würde sie durch Verminderung der Menge umlaufenden Geldes und also der Kaufkraft der Käufer das Steigen des heimischen Preisniveaus unterbinden. So würden die Ausländer durch ihr Bestreben, billig zu borgen, und die einheimischen Banken dank der Angst um ihr Gold eine Aufgabe erfüllen, die keiner von beiden direkt im Auge hatte — die Wiederherstellung jenes Gleichgewichts zwischen in- und ausländischem Preisniveau, von dem die Stabilität der Wechselkurse letzten Endes abhängt.

7. Arten der Goldwährung. So funktionierten die Dinge einstmals; und es ist kein Wunder, daß diejenigen, die sich an die Einfachheit und Sicherheit des Mechanismus erinnern, gern zu ihm zurückkehren möchten. Wenn es wahrscheinlich wäre, daß kein Land je zu ihm zurückkehrte, so spräche in der Tat [in einem Lande wie England] gar manches dafür, auf eine eigene Idealwährung loszusteuern und die übrige Welt sich selbst zu überlassen; die Dinge könnten, was die Wechselkurse anbelangt, schwerlich schlechter werden, als sie ohnehin sind. Aber ein Land von größter Handelsbedeutung, die Vereinigten Staaten, hält bereits bei der Goldwährung; und beim heutigen Stand des Wissens und Wollens der Menschen ist es zum mindesten wahrscheinlicher, daß sowohl die englischen Dominions als auch die Völker Europas eher zu einer Art Goldwährung zurückkehren als irgendeine andere Währungsreform zur Durchführung bringen werden. Das ergibt ein weiteres Argument zugunsten der Rückkehr zur Goldwährung: nicht daß sie eine gute Einrichtung ist, sondern daß sie eine Einrichtung darstellt, die jedes Land, das bei sich Ordnung schaffen will, höchstwahrscheinlich erstreben wird; und es empfiehlt sich, mit dem Strom zu schwimmen.

Zwischen Goldwährung und Goldwährung gibt es freilich große Unterschiede. Wir haben oben (S. 56) das Geldsystem von Ländern wie Indien vor dem Kriege nicht zur Goldwährung gerechnet, deren Währungsgeld nicht aus Gold bestand, aber mittels Regierungseingriffen auf dem Devisenmarkt in einem festen Wertverhältnis zum Golde, d. h. zu dem Gelde wirklicher Goldwährungsländer, gehalten wurde. In absehbarer Zeit wird eine solche Währung aber auch alles sein, was die meisten europäischen Länder allenfalls erreichen könnten oder müßten: es wäre in Wirklichkeit das, was vor dem Kriege normalerweise in Österreich erreicht war; denn obwohl es dort ein Währungsgeld aus Gold gab, war es nicht leicht, große Mengen davon in die Hände zu bekommen, während es leicht war, Forderungen zu bekommen, mit deren Hilfe man Gold aus London erhalten konnte. Die Stabilität der Wechselkurse ließe sich erreichen, wenn die meisten europäischen Länder auf das Halten großer Goldvorräte verzichteten und sich mit dem Ansammeln von Forderungen auf amerikanisches oder englisches Geld begnügten, das sie im Bedarfsfall ihren Bürgern abgeben würden, dann nämlich, wenn die Preise über das Niveau in der übrigen Welt steigen würden; auch der Übergang zu einem rationelleren Wertmaßstab würde dadurch erleichtert, sobald die Voraussetzungen dafür gegeben wären.

Was England anbelangt, das bereits so weit gegangen ist, so sind wohl weitere Schritte nicht mehr zu vermeiden. London war so lange und so erfolgreich der zentrale Geldmarkt der Welt, daß es sich empfehlen dürfte, an dieser Position festzuhalten oder sie wieder zu erlangen. Und zwar mit einer allgemein anerkannten Goldwährung, bei der es für diejenigen, die aus irgendeinem Grunde Zahlungen nach dem Ausland zu leisten haben, nicht mit der Bereitschaft, bloß Forderungen auf fremdes Geld herzugeben, sondern nur mit wirklichem Golde getan ist. Es ist aber keineswegs nötig, Goldsovereigns auszugeben, wenn es mit Barrengold ebensogut geht: und es ist zur Stabilhaltung der Wechselkurse nicht erforderlich, denjenigen Gold auszuhändigen, die es nur deshalb brauchen, weil man es weniger leicht als Noten irrtümlich vernichten kann. Es ließe sich also auch ohne eine volle Goldwährung im Vorkriegssinne dieses Wortes, wie es oben S. 57 definiert ist, der Wert des englischen Geldes dem Gold gegenüber stabil erhalten und sogar die Stellung Londons als Geldmarkt der Welt wahren.

Eines ist aber noch zu sagen. Londons finanzielle Vormachtstellung bedeutet in England direkte Gewinne für wenige und indirekte Gewinne für viele, weil Londons Zahlungsanspruch gegen Ausländer für geleistete Dienste die Ansprüche mehrt, die England auf die Nahrungsmittel und Rohstoffe der Welt besitzt. So wichtig diese Quelle von Zahlungsansprüchen für England ist, so wichtig sie vielleicht für die ganze Welt sein mag, sie birgt doch eine gewisse Gefahr: daß nämlich daraus festgefügte Interessen erwachsen, die, indem der Goldwährung nicht nur die Vorzüge, die sie besitzt, sondern auch diejenigen, die ihr abgehen, zugeschrieben werden, ein ungebührliches Hemmnis auf dem Wege zu einer rationelleren Ordnung des wirtschaftlichen Verkehrs der Menschen werden können.

Achtes Kapitel.

Die aktuellen Fragen der Währungspolitik[1]).

1. Die Ursachen sinkender Preise. Nehmen wir es als gesichert an, England würde zur Goldwährung zurückkehren, um dem Pfund Sterling einen festen Wert in Gold

[1]) Dieses Kapitel ist, wie ersichtlich, den währungspolitischen Problemen gewidmet, denen England seit der im Sommer 1920 einsetzenden Wirtschaftskrise gegenübersteht. Die Depression, die sich aus jener Krise entwickelt hat und den ganzen Weltmarkt ergriff, dauert mit Unterbrechungen seither an. Mithin haben die fraglichen Probleme an aktueller Bedeutung nicht verloren, am allerwenigsten für Länder, die sich, wie Deutschland, erst im Anfangsstadium einer solchen Depression befinden (Dr. M. P.).

zu verleihen. Die nächste Frage muß dann lauten: Wie hoch soll dieser Wert bemessen sein? Für manche Leute gibt es auf diese Frage nur eine einzige Antwort. Nach ihrer Meinung muß der Goldwert des Pfundes selbstverständlich auf den Stand vor dem Kriege zurückgebracht werden, d. h. auf 113 Grains feinen Goldes[1]). Mithin wäre also, solange der amerikanische Dollar sein heutiges Wertverhältnis zum Golde behält, das Pfund auf etwa 4,87 Dollar zurückzuführen. Man könnte aber auch anderer Meinung sein. Wir wollen die Einwände schrittweise verfolgen.

Zunächst drängt sich die Frage auf: Worauf beruhte der große Preissturz in England, der etwa im Frühjahr 1920 begann[2])? Zur Beantwortung dieser Frage wäre eine gründliche Untersuchung jener mysteriösen Ereignisse erforderlich, die man Krisen nennt. Diese Aufgabe würde uns jedoch zu weit führen; denn die Wurzeln dieser Erscheinungen liegen, wenigstens unserer Meinung nach, nicht so sehr in irgendwelchen Währungseinrichtungen als vielmehr tief in der Struktur der Wirtschaft selbst. Nichtsdestoweniger läßt sich das Fallen der Preise, das ein Symptom der Depression ist, mit den Mitteln der hier verwendeten Analyse beleuchten, wenn auch nicht restlos erklären. Der Beginn des Preissturzes im Jahre 1920 läßt sich mit Änderungen sowohl der Nachfrage nach Geld als auch der Menge verfügbaren Geldes in Verbindung bringen.

Was die erstere anbelangt, so begann die agrarische und industrielle Produktivkraft der Welt Zeichen der Erholung von ihrem dürftigen Stand im Jahre nach dem Waffenstillstand aufzuweisen: es gab große Welternten an Weizen, Baumwolle und anderen Rohstoffen, und zum mindesten in den Vereinigten Staaten kamen die industriellen Anlagen allmählich wieder in Ordnung. Obendrein führte der Wunsch der Produzenten und Händler aller Art, ihre Gütervorräte loszuwerden, statt sie in Erwartung künftiger Gewinne aufzubewahren, dazu, daß eine effektive Vermehrung des Güterumlaufs eintrat, der mittels Geldes bewältigt werden sollte.

---

[1]) 1 Grain = 64,799 mg. Gemeint ist Gold von $^{11}/_{12}$ Feinheit (Münzgold).

[2]) Vgl. die Warnung im Abschnitt I des Vorworts.

Die Veränderung in der Menge verfügbaren Geldes ist auf den ersten Blick nicht so leicht herauszufinden. Aus den veröffentlichten Zahlen geht hervor, daß in England in der zweiten Hälfte des Jahres 1920 auffallend wenig zur Beschränkung der Menge ausstehenden Bank- oder Bargeldes geschehen ist; und dieses scheinbare Versagen der Quantitätstheorie hat denkenden Beobachtern einige Schwierigkeit bereitet. Die Schwierigkeit verschwindet, wenn wir uns erinnern, auf welchen besonderen Sinn wir uns im Kap. II, Abschn. 7 beim Gebrauch des Wortes „verfügbar" geeinigt haben. Die Menge des verfügbaren Geldes, hieß es dort, unterscheidet sich von der vorhandenen Menge auf zweierlei Arten, die beide praktische Bedeutung haben.

Erstens hat sich die Schnelligkeit, mit der das Geld von Hand zu Hand geht, vermindert. Wir können uns den Zeitungen anschließen und dem Käuferstreik einige Bedeutung beimessen — dem Entschluß des Publikums, sein Geld, nachdem einmal die dringlichsten Nachkriegsbedürfnisse befriedigt waren, eher in der Tasche ruhen zu lassen als Güter zu Preisen zu kaufen, die als übermäßig hoch angesehen wurden. Und zu dieser Widerspenstigkeit des eigentlichen Konsumenten kommt in Zeiten der Depression und Unsicherheit die Abneigung der Geschäftswelt, ihr Geld, mit dem sie ihre Schulden bezahlen kann, aus der Hand zu geben und ihre Mittel im Ankauf von Waren festzulegen, die möglicherweise nur mit wachsender Schwierigkeit abgesetzt werden können. Mithin ist das Geld weniger abenteuerlustig und häuslicher geworden — seine Zirkulationsgeschwindigkeit hat sich vermindert.

Zweitens aber war das englische Preisniveau im Frühjahr 1920 weniger durch die wirklich vorhandene Geldmenge als vielmehr durch die Menge bedingt, deren Erscheinen erwartet wurde. Es waren zum Teil die noch gar nicht entstandenen Schatzwechsel, die die Scheckguthaben anschwellen ließen (vgl. S. 95); und zum Teil waren es die noch gar nicht vorhandenen Scheckguthaben, in deren Vorwegnahme die Preise gesteigert wurden (vgl. S. 96). Daraus folgt, daß die bloße Weigerung, die Fabrikation zusätzlichen

Geldes fortzusetzen, notwendig zu Preisreduktionen und nicht einfach zu einer Stabilisierung des bereits erreichten Preisniveaus führen mußte. Die bereits gefaßten Entschlüsse, die bereits erfolgten Preisfestsetzungen konnten nur aufrecht erhalten werden, wenn das Hineinpumpen des Geldes in den Verkehr fortgesetzt wurde. Eine solche Fortsetzung hätte jedoch neue Hoffnungen und Erwartungen wachgerufen und das Preisniveau weiter in die Höhe getrieben. Somit standen die verantwortlichen Leiter der Währungspolitik einem unlösbaren Dilemma gegenüber. Sie hielten es, und gewiß mit Recht, für ihre Pflicht, das Steigen der Preise einzudämmen; es gab aber keine Möglichkeit einzudämmen, ohne zurückzudämmen.

2. *Die Wirkungen des Preissturzes.* Diese Wirkungen müssen den Gegenstand unserer zweiten Frage bilden. Nehmen wir erstens an, der Preissturz wäre nicht von einer entsprechenden Zunahme der wirtschaftlichen Produktivität begleitet; und nehmen wir ferner für einen Augenblick an, daß er durch einen ruckweisen Stoß ohne jede Übergangsperiode herbeigeführt wurde. Die Konsumenten würden sich alle freuen; die Unternehmer würden jedoch bald nicht wissen, wie sie die Güter, die sie zu alten Preisen bestellt haben, bezahlen sollen; und die Arbeitgeber würden bald beginnen, über die fälligen Löhne sehr ernstlich nachzudenken; ja selbst die Lohnempfänger müßten sich daran erinnern, daß ihre Geldlöhne, gleichgültig, ob sie automatisch an die Lebenshaltungskosten gebunden sind oder nicht, auf gewissen Annahmen bezüglich des Preisniveaus beruhen, auf Annahmen, die mit den Tatsachen nicht mehr in Einklang stehen würden. Mancher stünde vor dem Bankerott oder vor schwerem Verlust, und alle hätten es mit allen möglichen Unannehmlichkeiten und Kräfteverschiebungen zu tun, dieweil Verträge, Abkommen und Kalkulationen über den Haufen geworfen wären.

Und das ist noch nicht alles. Für die [alliierten] Kriegführenden gibt es noch eine Schuldverpflichtung, die zu revidieren ihnen nicht freisteht und die eine jährliche Verpflichtung z. B. Englands im Betrage der Zinsen auf eine Schuld von etwa 6000 Millionen £ sowie der alljährlichen Tilgungsquote auf dieses Kapital bedeutet. England erfüllt diese Verpflichtung mit Hilfe von Steuern auf die Einkommen, die in der Hauptsache aus dem Verkauf von Gütern und Dienstleistungen stammen: wenn nun alle Güterpreise auf die Hälfte sinken, so müßte der Steuersatz im rohen Durchschnitt auf das Doppelte steigen, um jener Verpflichtung gerecht zu werden. Es gehört nicht in diesen Rahmen, ob eine Reduktion jener Schuldenlast mit Hilfe einer allgemeinen Abgabe vom gesamten Privatvermögen hätte stattfinden sollen oder noch stattfinden müßte. Solange dies nicht geschehen ist, müssen wir aber jeden Versuch einer willkürlichen Steigerung des Geldwertes mit Argwohn betrachten; denn ein Steigen der Steuersätze und der realen Steuerlast wäre die unvermeidliche Folge.

Nehmen wir weiter an, daß das Steigen des Preisniveaus von keinerlei Steigerung der realen Produktivität der Wirtschaft begleitet ist; nehmen wir aber nunmehr an, wie es auch wahrscheinlich der Fall ist, daß jenes Sinken nicht mit einem Stoß, sondern allmählich erfolgt. Dann sind die Folgen in einer Hinsicht weniger ernst; es gäbe dann nämlich eine Atempause zur Nachprüfung der Verträge und zur Anpassung der spekulativen Erwartungen und mithin weniger Panik und Zahlungseinstellungen. In einer anderen Hinsicht sind dann jedoch die Konsequenzen noch schwerwiegender. Um dies zu verstehen, müssen wir einige Fäden wieder aufnehmen, die an anderer Stelle abgebrochen wurden. Im Abschn. 2 des VI. Kap. ist hervorgehoben worden, daß steigende Preise diejenigen begünstigen und anregen, in deren Händen die Leitung der Produktion liegt, und daß sie mithin die Arbeitsbeschäftigung und die industrielle Produktivität steigern; und es dürfte sich empfehlen, etwas näher zuzusehen, ob von fallenden Preisen nicht das genaue Gegenteil zu erwarten ist. Im Abschn. 6 des VII. Kap. haben wir ganz beiläufig den Prozeß erwähnt, mit dessen Hilfe sich bei Goldwährung ein Steigen der Preise ins Gegenteil umkehrt, als ob dies die natürlichste und schmerzloseste Operation der Welt wäre. Dagegen haben wir im Abschn. 5

des IV. Kap. den Inflationisten vorläufig zugestanden, daß ein Banksystem, das ein starkes oder dauerndes Fallen der Preise zulassen würde, den Anforderungen einer fortschreitenden Volkswirtschaft nicht gewachsen wäre. Das bedarf nun der endgültigen Erklärung.

3. Depressionen und fallende Preise. Nun müssen wir wieder schrittweise vorgehen. Eine Krise oder Depression ist eine komplizierte Erscheinung und man darf sie nicht einfach auf eine Ursache zurückführen wollen, die ihrerseits ein Symptom tiefer liegender Gebrechen sein könnte: aber es besteht aller Grund zu der Annahme, daß fallende Preise nicht nur ein Symptom der Depression, sondern vielmehr zugleich ein wirksamer Faktor zu ihrer Steigerung und Verlängerung sind. Man sehe nämlich zu, wie sie wirken. Wie im eigenen Netz gefangen, ringen die Unternehmer darum, die angehäuften Warenvorräte loszuwerden und die auf ihnen lastenden Verpflichtungen erfüllen zu können. Keiner wüßte zu sagen, wie lange der Kampf noch dauert. Für eine Weile versucht ein jeder mit mehr oder weniger Erfolg, den Preis seiner eigenen Waren hochzuhalten. Früher oder später wird er aber vom Strom mit fortgerissen und sucht dann seine Vorräte loszuwerden, solange er es noch kann, und bevor Schlimmeres eintritt. Und gleich von Anbeginn hat er nach der einzigen Rettung gegriffen, die ihm offen steht: er hat den weiteren Zufluß des Güterstroms, in dem er erstickt, gehemmt und seinem Vormann im Produktionsprozeß zu verstehen gegeben, seine Belastung nicht noch zu erhöhen. So wird der Industrielle den Absatz seiner Waren sich immer verkleinern sehen, und er wird auch die Schritte tun, die ihm übrigbleiben. Ist er alt und schlau und hat er sich etwas erspart, so wird er sich für eine Saison vom Geschäft zurückziehen und eine Seereise machen oder sich ins Parlament wählen lassen. Ist er jung und voller Ambitionen und Ideale, so wird er das Spiel nicht aufgeben und die Fahne hochhalten, so gut er kann. Gehört er zur Durchschnittssorte von Industriellen, so wird er erklären, daß er zwar auf seiner früheren Meinung bestehe, daß die finanzielle Seite seines Geschäfts eine Sache sei, die die

Arbeiter nichts angehe, daß aber jeder Arbeiter so viel von Finanzen verstehen müsse, um die Absurdität der geltenden Tarifsätze der Gewerkschaften einzusehen. Jedenfalls wird er früher oder später vor dem Schicksal kapitulieren und seine Produktion mehr oder weniger einschränken müssen. Mithin passieren zwei Dinge, die den Bewohnern anderer Planeten (angeblich) viel Spaß machen. Die Menschheit akzeptiert aus freien Stücken einen Stand der Lebenshaltung, der niedriger ist, als es ihrem Besitz an naturgegebenen Mitteln und an Kapitalausrüstung entspricht, sie schneidet sich also sozusagen die Nase ab, um ihr eigenes Gesicht zu ärgern. Und Leute, die zur Arbeit ausgebildet und (unter gewissen Voraussetzungen) dazu bereit sind, finden keine Arbeit und treiben sich in den Straßen herum, mit demagogischen Schlagworten über steigende Gewinne in den Ohren und wachsendem Groll im Herzen.

Und schließlich noch eins. Es leuchtet ein, daß ein Sinken der Preise, das von entsprechendem Steigen der Produktivität begleitet ist, nicht dieselben Nachteile haben wird. Während z. B. die Last aus den Kriegsschulden, gemessen an realen Gütern, gewachsen sein wird, wird sie, gemessen an der Produktivkraft, nicht gewachsen sein: und die verhältnismäßige Belastung des Realeinkommens eines jeden Bürgers zugunsten der Inhaber von Kriegsanleihen wird jedenfalls nicht im vollen Betrage der Geldwertsteigerung erhöht sein. Trotzdem wäre es übereilt, anzunehmen, daß dann die lähmenden Folgen auf Unternehmertätigkeit und Arbeitsbeschäftigung, von denen oben die Rede war, ausbleiben würden. Diese bequeme Auffassung wird zwar von sehr angesehener Seite vertreten[1]) und ist wohl darauf berechnet, an den natürlichen Wunsch der Menschen zu appellieren, die beste aller Welten zu verwirklichen: leider wird sie weder durch allgemeine Erwägungen noch durch die Wirtschaftsgeschichte der Jahre 1873—1896 uneingeschränkt

[1]) In einer Rede McKenna's vor den Aktionären der London Joint City and Midland Bank am 28. Januar 1921. [Vgl. The Economist vom 29. 1. 1921, S. 182.]

bestätigt. Die Voraussetzung, auf Grund deren wir im Abschnitt 5 des IV. Kap. das nächstliegende Argument der Inflationisten akzeptierten, war die Voraussetzung wachsender Gütermengen und nicht die verminderter Geldmenge. Es scheinen die fallenden Preise an sich zu sein, die, gleichgültig, woher sie kommen, sowohl eine wirkliche Belastung des Unternehmers zugunsten des Kreditgebers und des Lohnempfängers bedeuten, als auch seine Unternehmungslust dämpfen, indem sie jene Belastung größer erscheinen lassen als sie in Wirklichkeit ohnehin ist.

Es ist zwar richtig, daß eine Einschränkung der Weltproduktion unter das Ausmaß des Möglichen nicht so schwer wiegt, wenn die tatsächlich erreichte Produktionsgröße darüber hinausgeht, woran man sich bislang gewöhnt hat. Richtig ist auch, daß, während der Arbeitslose auf dem Pflaster liegt, der Beschäftigte seine Lebenshaltung verbessert; und daß diese Vorteile sogar gleichmäßiger verteilt wären, wenn die Gewerkschaften nicht gar so gute Gründe hätten, in Sachen der Normal-Tarifsätze (standard rates) unvernünftig zu sein. Aber jedenfalls sieht es so aus, als könnten wir uns der steigenden Produktivität nicht erfreuen, ohne wenigstens eine Kostprobe von Wirtschaftskrise und Arbeitslosigkeit abzubekommen.

Wir kommen also zu dem Ergebnis, daß ein ausgesprochener Sturz der Preise keineswegs immer als ein erfreulicher und schmerzloser Prozeß anzusehen ist, den man schlechthin begrüssen sollte.

4. Das Preisniveau in England und Amerika. Es fragt sich nun: wieweit waren sowohl in Goldwährungsländern als auch z. B. in England Kräfte am Werk, die die Preise senken? Und was hat die Antwort auf diese Frage mit unseren Problemen zu tun?

Die erste Frage läßt sich leicht beantworten. Es waren die Goldwährungsländer Amerika und Japan, die 1920 den Anstoß zum Sturz der Preise gaben. Steigerung der Produktionsmöglichkeiten, Unabsetzbarkeit der Vorräte, Zurückhaltung der Käufer: alle diese Erscheinungen sind in Amerika mindestens ebenso fühlbar gewesen wie anderwärts; und ferner haben die verantwortlichen Leiter der amerikanischen Währungspolitik geflissentlich danach gestrebt, die Menge des umlaufenden Bankgeldes nicht nur nicht weiter zu vermehren, sondern tatsächlich und drastisch zu beschränken. Die Folge war, daß das Preisniveau in Amerika rapider stürzte als z. B. in England. Was hat nun diese Tatsache mit der Frage zu tun, auf welchem Goldwert das Pfund Sterling stabilisiert werden sollte?

Angenommen, man würde sich entschließen, dem Pfund Sterling seinen Vorkriegswert, also 113 Grains feinen Goldes zu geben: und angenommen für einen Augenblick, daß die Regierung diesen Entschluß durch die einfache Erklärung in die Tat umsetzen würde, daß sie bereit sei, jedem, der es wünscht, für 1 £ 113 Grains feinen Goldes auszuhändigen. Dann würde es für die Engländer auf einmal vorteilhaft werden, sich Gold in großen Mengen zu verschaffen, damit Waren in den Vereinigten Staaten [d. h. in einem Goldwährungsland mit entsprechend niedrigeren Warenpreisen] zu kaufen, sie in England wieder zu verkaufen und mit den auf diesem Wege erlangten Pfunden den Prozeß zu wiederholen. Bei seinen heutigen Goldvorräten würde England binnen kurzem sein Gold loswerden; aber selbst wenn die Regierung für ihre neue Politik durch Ansammlung eines Goldvorrates vorsorgen würde, hätte sie noch immer diesen Vorrat auf irgendeinem der im Absch. 6 des VII. Kap. beschriebenen Wege zu schützen, indem sie nämlich ein Steigen des Zinsfußes erzwingen, das Entstehen von Bankgeld hemmen und einen Preissturz herbeiführen würde — einen Preissturz, den auch die riesigen Güterimporte aus dem Goldwährungsausland verschärfen würden. Mit anderen Worten, jeder Versuch der Zurückführung des Goldwertes des Pfund Sterlings von seinem heutigen auf seinen Vorkriegsstand ist notwendig mit einem ungefähr entsprechenden (etwa 20 proz.) Sinken des englischen Preisniveaus im Vergleich zu den Preisniveaus der Goldwährungsländer verbunden. Bleiben die amerikanischen Preise stabil, so müssen die englischen etwa um ein Fünftel fallen; fallen die amerikanischen um ein Drittel, so müssen die englischen auf nahezu die Hälfte sinken. Ist nun England nach allem, was wir in den letzten zwei Abschnitten über die Folgen fallender Preise gehört haben, bereit, dieses Ergebnis mit Gleichmut aufzunehmen? Wird es geneigt sein, einen Extrasturz der Preise um 20% in Kauf zu nehmen, um auf gleichen Stand mit Amerika zu gelangen und dem Pfund Sterling seinen alten Goldwert wiederzugeben?

Auf diese Frage sind zwei Antworten möglich. Die eine Partei wird meinen, es sei gleichgültig, ob man „als Schaf oder als Lamm gehängt wird" — daß es, wenn man nun einmal (um ein anderes Bild zu brauchen) in der Tretmühle ist, auf ein bißchen mehr oder weniger nicht mehr ankommt und man sie am besten noch antreibt, damit etwas Brauchbares dabei herauskommt. Andere dagegen, deren Tagewerk sie mehr in die Fabriken und auf die Straßen als in Sitzungssäle führt, werden die Augen vor der Arbeitslosigkeit nicht verschließen können. Sie werden nicht nur daran erinnern, wie die Arbeitslosigkeit die davon Betroffenen körperlich und geistig zermürbt: sie werden sich auch auf die weitverbreitete und wachsende Überzeugung berufen, daß das bloße Gespenst der Arbeitslosigkeit bei denen, die noch Arbeit haben, wohl die Hälfte aller Erbitterung verschuldet. Rückgang der Produktion, der Unternehmertätigkeit, des Erfindungsgeistes, ja sogar der gegenseitigen Hilfsbereitschaft und des natürlichen Anstandsgefühls — das sind die bekannten Wirkungen jener furchtbaren Erscheinung mit den gefalteten Händen: der Arbeitslosigkeit. Und dazu kommt (insbesondere in England) das weitere Argument: die große Kriegsschuld, deren Nennwert feststeht und deren Last durch jeden künstlich herbeigeführten Sturz der Preise enorm gesteigert wird. Die Engländer werden es sich wohl überlegen, ob sie jenen 20proz. Extrapreissturz wünschen sollen, den sie brauchen, um ihren amerikanischen Rivalen gleichzukommen. Denn jene 20% könnten sich als der letzte Tropfen erweisen, der den Krug zum Überlaufen bringt und die Leistungsfähigkeit des Steuerzahlers übersteigt — vielleicht sogar als der letzte Windhauch, der den glühenden Funken der Erbitterung zur sozialen Revolution entfacht.

5. Die Neubewertung des Pfundes. So steht es also mit der Meinung, von der wir im 1. Abschnitt dieses Kapitels ausgegangen sind und die auf die Wiederherstellung des Vorkriegswertes des Pfundes hinauslief. Nach unserer Meinung sind die Gegenargumente beweiskräftig genug, um von der unmittelbaren Inangriffnahme eines solchen Planes abzuhalten. Aus diesem negativen Ergebnis sowie aus dem Zugeständnis, daß irgendeine Goldwährung wieder eingeführt werden sollte, könnte logischerweise folgen, daß der Knoten durchhauen werden muß, indem man dem Pfund einen neuen amtlichen Goldwert verleiht, der sich nach seinem heutigen Marktwert dem Golde bzw. dem Dollar gegenüber richtet. Wäre Gold in Pfund Sterling, und das Pfund Sterling in exportfähiges Gold zu dem Satze von, sagen wir, 90 Grains feinen Goldes für das Pfund frei einlösbar (convertible)[1]) — was etwa vier Fünftel des Vorkriegswertes bedeutet —, so wäre die englische Goldwährung wieder hergestellt und könnte auch ohne jene verheerenden Maßnahmen, von denen oben die Rede war, aufrechterhalten werden.

Daß die europäischen Währungen, wenn überhaupt, so nur durch eine Prozedur dieser Art [eine Devalvation], auf irgendeine Goldwährung gebracht werden können, wird heute allgemein zugegeben. Nur für England wird eine solche Lösung noch allgemein als undenkbar abgelehnt. Die ganze instinktive Abscheu des anständigen Engländers gegen die „Münzverschlechterung“, die den Nachkommen der Untertanen der Anjous und Tudors eingeimpft worden ist, lehnt sich dagegen auf. Was die Tatsachen anbelangt, so pflegen die meisten Engländer mit mehr oder weniger Interesse die Warenpreise, sehr selten aber den Goldpreis zu verfolgen. So kommt es, daß die meisten zwar die Zahlung der Zinsen und Tilgungsquoten auf die dem Staat vor 1916 geliehenen Summen in Pfunden, die den Gütern gegenüber entwertet sind, mit bloßem Murren annehmen, daß dieselben Leute sich jedoch schwer benachteiligt und betrogen fühlen würden, wenn sie in Pfunden bezahlt würden, die dem Golde gegenüber offi-

[1]) Es würde sich vielleicht empfehlen, als Parität 92,89 Grains zu wählen, was genau 4 Dollar für 1 £ bedeuten würde.

ziell neu bewertet sind. Andererseits haben diejenigen, die dem Staat in den Jahren 1917—20 Pfunde von niedriger Kaufkraft geliehen haben, deshalb kein ersichtliches Recht, Zinsen und Kapital in Pfunden zurückgezahlt zu bekommen, deren Kaufkraft sorgfältig erhöht worden ist: trotzdem würden sie sich, wenn ihnen durch eine offene Neubewertung des Pfundes die Chance unerwarteten Gewinns genommen würde, mit allen Mitteln zum Schutz der bedrohten Rechte des freien Engländers zur Wehr setzen. Und die privaten Gläubiger würden sich, wenn auch vielleicht mit etwas weniger Erbitterung, in ähnlicher Weise als beleidigte Tugend aufspielen.

Nun wird aber alles erst durch unser Urteil gut oder böse. Wenn man freilich binnen einer Stunde zu entscheiden hätte, ob der Goldwert des Pfundes schlecht und recht auf seinen Vorkriegswert oder aber auf vier Fünftel desselben fixiert werden sollte, so müßte man eben den Stier bei den Hörnern packen und den Gläubigern zu verstehen geben, daß ihre Verträge auf Pfund Sterling und nicht auf Gold lauten, und daß man im Interesse der nationalen Wohlfahrt gezwungen sei, die unbestreitbare Tatsache formell anzuerkennen, daß das Wertverhältnis zwischen Pfund Sterling und Gold sich seit 1914 verschoben hat. Manche werden es aber mit dem Verfasser dieses Buches vorziehen, noch eine Weile abzuwarten, und zwar aus folgendem Grunde.

Weder in Amerika noch anderwärts werden wohl die Preise ewig fallen[1]). Die riesigen Goldreserven in Amerika sowie in England die große Masse von Bankdepositen und Papiergeld (Schatzscheinen), die doch noch geschaffen worden sind, liegen gleichsam im Hinterhalt und warten auf ihre Zeit, um bei passender Gelegenheit das Preisniveau wieder in die Höhe zu treiben. Es mag wohl sein, daß die phantastischen Preise des Jahres 1920 nicht wieder erreicht werden; es mag sogar sein, daß dank der wachsenden Weltproduktivität und der abnehmenden Goldproduktion in dem nächsten Vierteljahrhundert die allgemeine Tendenz der Preise aus-

[1]) Die Weltmarktpreise sind seither (seit 1921) verhältnismäßig stabil. (Anm. des Herausgebers.)

gesprochen nach unten gerichtet sein wird. Aller Erfahrung nach dürfte dieses Abwärtsgehen aber eher in der Form fortlaufender Schwankungen um einen sinkenden Durchschnitt als in gleichmäßigem Tempo stattfinden. Es mag nun richtig sein, daß, solange das amerikanische Preisniveau fallende Tendenz hat, kein europäisches ihm ohne die ernstesten Folgen für die Produktion und die ganze Gesellschaftsordnung den Rang ablaufen kann. Daraus folgt jedoch keineswegs, daß man z. B. in England nicht in der Lage sein sollte, bei einem etwaigen Steigen der amerikanischen Preise die heimischen Preise an einem ebenso raschen oder weitgehenden Steigen zu verhindern, ohne die Unternehmungslust ernstlich einzuengen oder die Arbeitsmöglichkeit zu beschränken. In solchem Falle könnte man vielmehr eines Morgens damit erwachen, daß der Wechselkurs gegen Amerika nicht nur auf dem Vorkriegsniveau stünde, sondern auch die relative Kaufkraft der beiden Währungen genau wiederspiegelte: und dann könnte man daran gehen, die Wiederherstellung der alten Goldwährung zu proklamieren, zur großen Freude und Genugtuung der Leute, denen es auf nichts außer einer gesunden Währung ankommt.

In Preisfragen findet sich häufig gerade dort ein Ausweg, wo man es am wenigsten erwartet. Ein Goldüberfluß oder ein Wechsel in der amerikanischen Bankpolitik könnte es England ohne weiteres ermöglichen, das Pfund Sterling auf seinen alten Goldwert zu heben, ohne einen verheerenden Preissturz in Kauf zu nehmen. Andererseits könnten Goldknappheit oder ein paar harte Winter der Arbeitslosigkeit dazu zwingen, sich trotz aller daraus folgenden Nachteile zu einer weiteren Senkung des Goldwertes des Pfundes als zu dem kleineren Übel im Vergleich zu Staatsbankerott und sozialer Umwälzung zu entschließen. Schließlich und endlich ist die Goldwährung, wenn unser Gedankengang im Kap. VI richtig war, kein so sanftes Ruhekissen, wie sie häufig beschrieben wird. Es ist sogar möglich, daß, wenn man sich jetzt zurückhält, die öffentliche Meinung in wenigen Jahren heroische Maßnahmen für einen, wenn überhaupt, würdigeren Zweck zuläßt — für die Einführung eines elastischeren internationalen Wertmaßstabes. Jedenfalls dürfte Abwarten die gegebene Politik sein.

6. Die Manipulierung des Zinsfußes. Wie man sich auch bezüglich des Preisniveaus und der Währung entscheiden mag, es wird erst an der Zeit, wenn die Menge des vorhandenen Geldes geändert werden muß. Es dürfte nunmehr einleuchten, daß in einem Lande mit hochentwickeltem Bankwesen Veränderungen der Bargeldmenge unwirksam oder verhängnisvoll sein müssen, wenn sie nicht von einer angemessenen Kreditpolitik der Banken begleitet werden. Selbst ein Programm wie das von Irving Fisher würde die Preise voraussichtlich und in der Hauptsache durch seine Einwirkungen auf die Bankreserven und somit auf die Bankkredite beeinflussen. Wenn also die Banken, um eine gegebene Währungspolitik wirksam zu machen, das Volumen ihrer Kredite erweitern oder verengen wollen: wie müssen sie dann verfahren?

Was die englische Bankpraxis anbelangt, so liegt sie sehr im Dunkeln, und der Außenstehende, der nur wenig Tatsächliches erfahren kann, muß sich sehr vorsichtig ausdrücken. Ein oder zwei Punkte scheinen jedoch ausreichend geklärt zu sein. Bis zu einem gewissen Grade reguliert der Bankier den Umfang seiner Kredite selbst unter normalen Verhältnissen, indem er eine Art Auslese zugunsten derjenigen Kreditnehmer trifft, die ihm entweder gute Sicherheiten bieten (vgl. oben S. 80) oder zu deren Rechtschaffenheit, Sachkenntnis und Zukunftschancen er besonderes Vertrauen besitzt. Das Hauptinstrument für die Regulierung des gesamten Volumens der Bankkredite war jedoch, jedenfalls in der Vergangenheit, der Zinsfuß, zu dem die Banken Kredite zu geben bereit waren.

Bankkredite sind anderen Gütern darin ähnlich, daß die nachgefragten Mengen nicht feststehen, sondern zum Teil von dem Preise abhängen, zu dem sie angeboten werden — d. h. vom Zinsfuß den die Banken verlangen. Durch genügend rücksichtslose und häufige Änderungen des Zinssatzes können die Banken die Menge der nachgefragten Kredite jederzeit derjenigen Menge anpassen, die sie herzugeben bereit sind.

Abgesehen von den direkten Wirkungen auf die Wechselkurse, von denen im Kap. VII, Abschn. 6 die Rede war, gibt es ein allgemeines und zwei speziellere Argumente zugunsten einer solchen Handhabung der Dinge. Allgemein spricht dafür, daß sie die Verfügung über die kreditierten Summen letzten Endes in die Hände der Kreditnehmer legt. Die Banken bestimmen, wieviel im ganzen kreditiert werden soll, und die Kreditnehmer bestimmen, wie diese Summe verwendet werden soll; und da die Kreditnehmer Spezialisten und Fachleute der einzelnen Branchen sind, während die Praxis der Banken sich auf alle Gebiete erstreckt, so spricht manches dafür, daß das Urteil der ersteren über die Richtung, in der die beschränkten Hilfsmittel der Volkswirtschaft am fruchtbringendsten verwendet werden können, dem Urteil der Banken überlegen sein wird. Steigerung des von den Banken erhobenen Zinssatzes hält diejenigen Kreditnehmer fern, die nicht sicher sind, ob die Nachfrage nach dem Produkt, an dem sie interessiert sind, die erhöhte Zinsbelastung rechtfertigen wird: und das soll ja in der Hauptsache erreicht werden.

Die speziellen Argumente beziehen sich auf zwei Kreditarten, denen in Zeiten der Hochkonjunktur besondere Verantwortung für die Vorbereitung zukünftiger Schwierigkeiten zufällt; eine Erhöhung des Zinsfußes scheint auf den ersten Blick das geeignetste Mittel zu sein, um sie einzuschränken. Das sind einmal die Kredite an jene Spekulanten, die bei steigenden Preisen lediglich zu dem Zweck Güter kaufen, um sie, wenn die Preise gestiegen sind, wieder zu verkaufen. Nun gehört die Ethik und Ökonomik der Spekulation nicht hierher. Es muß daher genügen, festzustellen, daß die Spekulation in einer Ware, in der in Zukunft voraussichtlich eine Verknappung eintreten wird, der Volkswirtschaft nebenbei jedenfalls einen Dienst erweist; daß aber die Art spekulativer Betriebsamkeit, die den Winter 1919/20 charakterisierte, — eine wilde Spekulation in Waren schlechthin, die dem Steigen der Preise und der Aufblähung der Bankkredite entsprang — zu keinem nützlichen Zweck dient und die Hauptverantwortung an der unvermeidlich folgenden Krise trägt. Nun können die Banken durch Erhöhung des Preises, den sie dem Spekulanten dafür abnehmen, daß dieser seine Gütervorräte halten und damit spekulieren kann, den Gewinn aus solchen Transaktionen schmälern und mithin ihren Umfang beschränken.

Die zweite Gruppe von Krediten, die in Zeiten der Hausse besonderer Kontrolle bedarf, ist ihrer Natur nach gediegener, in ihren Folgen jedoch kaum weniger verhängnisvoll. Sie besteht aus Krediten an die Produktionsmittelindustrie, insbesondere an die Produktion der Verkehrsmittel. Solche Kredite brauchen besonders lange Zeit, bis sie zur Mehrung der Konsumgüter beitragen; während ihres Umlaufs lasten sie folglich mit besonderer Schwere auf dem Realeinkommen und dem Konsumgütervorrat der Volkswirtschaft und üben einen besonders scharfen Einfluß auf die Preise aus (vgl. S. 75f., 77). Mithin ist in solchen Unternehmungen, die lange Zeit brauchen, bis sie Ertrag bringen, der für Bankkredite zu zahlende Zinssatz von ganz besonderer Bedeutung. Ein Steigen dieses Zinssatzes wird folglich das vorhandene Kapital mehr oder weniger in die Produktionszweige lenken, in denen es sich rascher erneuert, und also die Volkswirtschaft davon abhalten, für späteren Ertrag mehr anzulegen, als sie sich augenblicklich leisten kann.

7. *Die Rationierung der Bankkredite.* Es gibt also starke Argumente dafür, sich zur Regulierung des Bankkreditvolumens in der Hauptsache auf die Zinsfußpolitik zu verlassen. Wir müssen jedoch einen Schritt weiter gehen, bevor wir uns damit einverstanden erklären.

Erstens dürfte es nicht sehr wahrscheinlich sein, daß für die beiden speziellen Zwecke, von denen eben die Rede war, Änderungen des Zinsfußes je völlig äusreichen würden, es sei denn, daß sie in einem Ausmaß vorgenommen werden, das für die Masse der gewöhnlichen, nicht spekulierenden Unternehmer unerträglich wäre. Ist der Geist der Spekulation einmal heraufbeschworen, so läßt er sich nicht so leicht bannen. Wer einen Geldgewinn von 20 oder 30% daraus erhofft, daß er einfach einige Monate lang auf ein paar Ballen Baumwolle oder Tonnen Rohöl sitzt, der wird sich nicht abschrecken lassen, wenn der Zinsfuß, den er der Bank bezahlen muß, um 1 oder 2% steigt. Ferner ist es zum mindesten schwer, die zukünftigen Erträge einer Produktionsmittelindustrie genau vorauszusehen oder mit den derzeitigen Kosten exakt zu vergleichen; und diejenigen, die es sich in den Kopf gesetzt haben, daß die Welt durch den Kanaltunnel oder die Elektrifizierung der Eisenbahnen oder durch eine Einrichtung zur Nutzbarmachung von Ebbe und Flut beglückt werden muß, werden sich ohnedies nicht leicht eines anderen belehren lassen. Es gibt also Gründe für die Vermutung, daß mäßige Veränderungen des Zinssatzes, wenn sie wirksam werden sollen, zum mindesten der Ergänzung durch eine direkte Rationierung der Bankkredite bedürfen: und wenn mithin die Qualität der ausstehenden Bankkredite so viel wirksamer reguliert würde, so brauchte ihre Quantität nicht mehr so rigoros beschränkt zu werden.

Zweitens bedürfen die Argumente, daß man sich auf den Interessenten, auf den „ehrbaren Kaufmann“ verlassen soll (Trust the business man — heißt das englische Schlagwort), hier vielleicht einer ebenso sorgfältigen Nachprüfung wie in der Politik. Der Bankier, der im Zentrum der Wirtschaft sitzt und in der Regel in keiner Spezialbranche fest engagiert ist, sollte eigentlich eher in der Lage sein, über die vergleichsweisen Aussichten der verschiedenen Produktionszweige sich ein unparteiisches Urteil zu bilden als diejenigen, zu deren Geschäft es gehört, von nichts als von Leder, Jute, Kaffee oder was es sonst sein mag, etwas zu wissen. Wir dürfen die Schwierigkeiten der Unternehmeraufgabe keineswegs unterschätzen; aber in England war z. B. ein halbes Jahrhundert Schiffahrtsgeschichte (von der neueren Geschichte der Automobilindustrie ganz zu schweigen), was die Art und Weise des Gebarens anbelangt, nicht gerade dazu angetan, Begeisterung zu erwecken.

Beim heutigen Zustand der Welt muß dieses Argument noch durch ein drittes verstärkt werden. Normalerweise richtet sich die Produktion nur nach derjenigen Nachfrage, die sich in der Form eines Geldgebots geltend machen kann.

Nun dürften wir wohl darüber einig sein, daß die völlige Abschaffung dieser Einrichtung weder möglich noch erwünscht wäre (vgl. oben S. 5): der gesunde Menschenverstand kann aber, angesichts seiner Erfahrung und seiner natürlichen Einsicht, immer wieder darauf hinweisen, daß es Aufgaben gibt, die ohne Rücksicht darauf, ob sie sich bezahlt machen oder nicht, verwirklicht werden müßten. So scheint sich z. B. die heutige Generation (in England) bezüglich der Beschaffung von Arbeiterwohnungen eingestellt zu haben; und es würde schon einige Kühnheit dazu gehören, angesichts der offenkundigen Mißstände, die den Grund bilden, dagegen ankämpfen zu wollen. Hat man sich aber einmal solcherweise entschieden, so würde es lediglich als Schikane empfunden, wenn die Ausführung dadurch verhindert werden sollte, daß man die fragliche Unternehmung an dem Maßstab des Zinsfußes messen wollte. An diesem Maßstab gemessen, müßte sie abgelehnt werden; das wissen wir aber bereits im voraus, und wir haben uns bewußt dahin entschieden, in diesem Falle von der Geldertragsrechnung abzusehen. Unter solchen Umständen kann wohl verlangt werden, daß die Banken, wenn sie nach allem, was gesagt ist, wirklich Organe der Volkswirtschaft sind, dahin instruiert, ermahnt oder angehalten werden müßten, jenen Wünschen praktische Geltung zu verschaffen, indem sie in der Bemessung der Kredite für die auserwählte Unternehmung großzügig verfahren.

Schließlich ist es wichtig festzuhalten, daß die allgemeinen Argumente, die normalerweise gegen jeden Versuch der Regulierung der Preise und der Rationierung des Angebots gewöhnlicher Waren sprechen, gegenüber Bankkrediten wesentlich weniger Geltung haben. Das erste Argument bezieht sich auf die Gefahr, daß kein neues Angebot von einem Artikel, der unter dem dafür erhältlichen Preis verkauft werden soll, auf den Markt kommt; das zweite weist auf die Unannehmlichkeit hin, die aus der Bindung des Konsumenten an einen bestimmten Verkäufer erwächst, sowie auf die Gefahr, daß man sich solcher Bindung entzieht [Schleichhandel]. Das erste Argument versagt gegenüber den Bankkrediten, da es uns doch gerade darauf ankommt, einen Teil des Angebots verschwinden zu lassen. Das zweite verliert besonders dort viel von seiner Kraft, wo sich das Geschäft wie in England größtenteils in den Händen von wenigen großen und vertrauenswürdigen Banken konzentriert hat. Denn man wechselt seinen Bankier viel weniger leicht als seinen Fleischer; und es bedarf nicht irgendwelcher formellen Kartellierung der Banken, um sich ziemlich darauf verlassen zu können, daß es ihnen gelingen wird, jedes doppelte Kreditnehmen (double borrowing, wie es die Amerikaner zu nennen pflegen), aufzudecken[1]) und jede Rationierungspolitik, mit der sie im wesentlichen einverstanden wären, einigermaßen wirksam zu machen.

Es scheint festzustehen, daß angesichts der Währungslage im Jahre 1920 die Führer des englischen Bankwesens — nach dem Urteil eines von ihnen[2]) völlig unabhängig voneinander — diesen Grundsatz der Auslese und Rationierung in einem Ausmaße zur Anwendung brachten, das nie zuvor dagewesen war und das manche ihrer Vorgänger entsetzt haben würde. Die Klagen eines andern aus ihrer Mitte[3]) zeigen jedoch, daß ihre Macht über die Verwendung der Kredite noch weit davon entfernt ist, vollständig zu sein; denn Geschäftsleute nehmen noch immer Kredit zur Bezahlung ihrer Steuern von den Banken in Anspruch, was einen Mißbrauch bedeutet, wie er in einem idealen Bankwesen offenbar nicht vorkommen würde. Wir dürfen aber nicht alles auf einmal erwarten; und der Schreiber dieser Zeilen[4]) möchte erwarten, wenn auch nicht bestimmt voraussagen, daß man in England mit der Politik der qualitativen Auswahl bereits aufzuhören beginnt. Ob sie, wenn man sie dauernd beibehält, die Großbanken nicht zu engerem Zu-

---

[1]) Vgl. Phillips: Bank Credit, S. 302, 311—312.

[2]) Walter Leaf (London County Westminster and Parr's Bank): Rede vom 3. Februar 1921 [vgl. The Economist vom 5. Februar 1921, S. 236 ff.].

[3]) McKenna in der schon zitierten Rede vom 28. Januar 1921.

[4]) Vgl Robertson: Study of Industrial Fluctuation, besonders S. 247.

sammenschluß treiben würde, und ob das wiederum nicht ein größeres Ausmaß staatlicher Kontrolle über das Kreditgeschäft zur Folge haben würde, das sind Fragen, die uns hier nicht weiter zu beschäftigen brauchen.

8. *Schluß*. Wir haben die meisten dringenden Währungsfragen der Gegenwart berührt. Es ist wichtig, daß diese Fragen richtig gelöst werden; ebenso wichtig ist es aber, daß wir von ihrer Lösung nicht zu viel erwarten. Die eigentlichen Krankheiten des Wirtschaftslebens — unzulängliche Produktion und ungerechte Verteilung — liegen zu tief, als daß sie mit irgendwelchen Währungssalben kuriert werden könnten. Eine freigebige Währungs- und Kreditpolitik kann Selbstvertrauen und Haussestimmung erzeugen, wie eine rein auf gesunde Stabilität gerichtete Politik eine gewisse nüchterne Stabilität wiederherstellen könnte: keine von beiden kann eine ungerechte und arme Welt in eine reiche und gerechte verwandeln. Die Verbesserung des Weges, auf dem das Produkt zum Markt gebracht wird, ist kein Ersatz für die bessere und intensivere Arbeit selbst. Keine Manipulation mit dem Gelde wird uns einem Wirtschaftssystem wesentlich näher bringen, das sowohl dem Unternehmer ausreichenden Anreiz als auch dem Arbeiter Zufriedenheit bringt.

GPSR Compliance

The European Union's (EU) General Product Safety Regulation (GPSR) is a set of rules that requires consumer products to be safe and our obligations to ensure this.

If you have any concerns about our products, you can contact us on ProductSafety@springernature.com

In case Publisher is established outside the EU, the EU authorized representative is:

Springer Nature Customer Service Center GmbH
Europaplatz 3
69115 Heidelberg, Germany

Batch number: 10844675

Printed by Printforce, the Netherlands